住房的未来

全球公积金制度研究与中国借鉴

肇越 余琦 宋歌 ◎著

中国出版集团
中译出版社

图书在版编目（CIP）数据

住房的未来：全球公积金制度研究与中国借鉴/肇越，余琦，宋歌著. -- 北京：中译出版社，2022.8（2023.1重印）
ISBN 978-7-5001-7114-0

Ⅰ.①住… Ⅱ.①肇… ②余… ③宋… Ⅲ.①住房基金—公积金制度—研究—中国 Ⅳ.① F299.233.1

中国版本图书馆 CIP 数据核字（2022）第 112114 号

住房的未来：全球公积金制度研究与中国借鉴
ZHUFANG DE WEILAI: QUANQIU GONGJIJIN ZHIDU YANJIU YU ZHONGGUO JIEJIAN

著　　者：肇　越　余　琦　宋　歌
策划编辑：于　宇　黄秋思
责任编辑：于　宇
文字编辑：黄秋思
营销编辑：杨　菲
出版发行：中译出版社
地　　址：北京市西城区新街口外大街 28 号 102 号楼 4 层
电　　话：（010）68002494（编辑部）
邮　　编：100088
电子邮箱：book@ctph.com.cn
网　　址：http://www.ctph.com.cn

印　　刷：北京顶佳世纪印刷有限公司
经　　销：新华书店
规　　格：710 mm×1000 mm　1/16
印　　张：17
字　　数：174 千字
版　　次：2022 年 8 月第 1 版
印　　次：2023 年 1 月第 2 次印刷

ISBN 978-7-5001-7114-0　　　　　定价：69.00 元

版权所有　侵权必究
中　译　出　版　社

前　言

本书力图在深入系统研究世界主要国家住房金融制度的基础上，探索中国住房公积金制度改革的方向和原则，为未来中国住房金融制度整体设计提出可行的建议。

住房公积金制度推出 30 多年来，不仅有效地推动了中国房地产市场的迅猛发展，帮助数亿个中国家庭实现了"居者有其屋"的理想，而且成为中国快速提升城镇化水平，拉动经济增长的强大动力。改革开放之初，城镇居民家庭面临严重的住房短缺，同时快速工业化的发展吸引大批农民工离开农村，进入城镇工厂工作，更加剧了城镇的供需矛盾。如何解决筹措资金快速增加住房供给，同时又解决居民家庭购买能力的不足？住房公积金制度的推行是当时最优的方案。经过 30 多年的发展，我国住房公积金体系已经成为世界上首屈一指的公共住房金融机构体系。截至 2020 年末，全国累计归集住房公积金达到 19.6 万亿元，购房家庭前后提取住房公积金 12.3 万亿元，发放个人住房贷款 11.1 万亿元，帮助 5 800 多万个家庭实现了"购房梦"。

2014 年后，中国经济进入一个新的发展阶段。在这一阶段，中国的经济结构、城乡结构和房地产市场都出现了一些质的变化。经济发展的主要动力从快速工业化逐渐转向产业升级和技术进步；2.8亿名在外务工的农民工逐渐成为城镇的常住人口和户籍人口，全国常住人口城镇化率已经达到64.72%；全国城镇房地产市场整体上已经实现供需平衡，城镇居民人均住房建筑面积达到39.8平方米，房地产市场已经从以增量为主的阶段转向以存量为主的阶段。随着时代浪潮的变化，现行的住房公积金制度也面临着新的问题和发展机遇。

为了更好地探索中国住房公积金制度未来的发展方向，我们对新加坡、德国、美国、日本和韩国等具有代表性国家的住房金融制度进行了深入全面的研究，此项研究历时三年多，取得了非常有现实意义的进展。住房公积金制度不仅要因地制宜，而且要因时而变。在居民住房短缺的阶段，住房公积金制度的主要目标是推动公共住房和经济适用房的建设，减轻购房者的经济压力；当住宅市场进入供需均衡阶段之后，住房公积金制度的主要目标就要转向为购房者提供金融支持以提升居民家庭住房质量。与此相应，在初期阶段住房公积金往往采取强制缴收的方式，而当进入后一阶段，强制缴纳的住房公积金制度应该转向自愿缴纳的住房储蓄制度，原有的住房公积金机构相应地转变为国家储蓄银行。2013年，习近平总书记在中央城镇化工作会议上提出"推进政策性金融机构改革""建立住房政策性金融机构"的基本方针。这不仅有利于进一步增强公共住房金融机构体系的力量，而且可以减轻居民家庭和企业的经济负担，推动居民家庭消费和企业投资，为中国经济的持续发展提供强有力的动力。

全书共分为 7 个章节。第一章主要介绍中国城镇居民住房体系的发展历程以及住房公积金制度的演变历史和基本运作流程；第二章介绍新加坡中央公积金制度形成的经济和社会背景、现行居民住房供给体系以及新加坡中央公积金体系的现状，重点介绍了新加坡中央公积金制度的运作流程和管理方式等。第三章介绍德国住房体系发展历程、现行居民住房体系和住房金融体系的构成，及德国公共住房制度对中国公积金制度改革的启示，重点介绍了德国住房储蓄银行的业务流程；第四章介绍美国住房金融制度的演变历史、现行居民住房体系和住房金融体系，详细介绍美国住房金融体系的具体运作流程；第五章介绍日本房地产市场发展历程、现行居民住房体系和公共住房金融体系，重点介绍日本公共住房金融业务运作模式；第六章介绍韩国居民住房制度的演变、现行公共住房体系和住房金融体系及其运作模式；第七章集中分析现行住房公积金制度存在的问题，在借鉴各国公共住房金融制度发展经验的基础上，针对我国的实际情况，提出建议性的解决方案——建立政策性住房储蓄银行。该部分详细介绍了国家住房储蓄银行的资金来源、贷款模式和发展前景，具有很强的实际操作价值。

社交媒体时代带来海量信息的日益泛化和泛滥，更需要研究和思考的专注和深刻。本书作者对中国住房公积金制度改革的研究从选题、构思到写作，历时三年有余。其间广泛查阅国内外大量资料，历经数十次修改终于完稿。然百密一疏，终有纰漏。

目 录

前　言　*001*

第一章　中国房地产市场发展与住房公积金制度回顾

一、中国城镇居民住房体系发展历程　003

二、中国住房公积金制度的演变历史　010

三、中国现行住房公积金制度的基本运作流程　013

四、中国住房公积金制度的现状　019

第二章　新加坡中央公积金制度研究与启示

一、新加坡中央公积金制度形成的经济和社会背景　027

二、新加坡现行居民住房供给体系　030

三、新加坡中央公积金制度的运作流程和管理方式　032

四、新加坡中央公积金体系的现状　049

五、新加坡中央公积金制度对中国公积金制度改革的启示　050

第三章　德国公共住房金融制度研究与启示

一、德国居民住房体系发展历程　055

二、德国现行居民住房体系　070

三、德国住房金融体系的构成　075

四、德国住房储蓄银行的业务流程　081

五、德国公共住房制度对中国公积金制度改革的启示　086

第四章　美国公共住房金融制度研究与启示

一、美国住房金融制度的演变历史　091
二、美国现行居民住房体系　120
三、美国现行住房金融体系　123
四、美国住房金融体系的具体运作流程　133
五、美国住房金融发展对中国公积金制度改革的启示　138

第五章　日本公共住房金融制度比较研究与启示

一、日本房地产市场的发展历程　143
二、日本现行居民住房供给体系　164
三、日本现行公共住房金融体系　173
四、日本公共住房金融业务运作模式　179
五、日本住房金融发展对中国公积金制度改革的启示　188

第六章　韩国公共住房金融制度研究与启示

一、韩国居民住房制度的演变历史　193
二、韩国现行公共住房体系　218
三、韩国现行住房金融体系及运作模式　228
四、韩国住房金融制度对中国公积金制度改革的启示　235

第七章　与时俱进改革现行住房公积金制度

一、目前住房公积金制度存在的问题　239
二、设立政策性国家住房金融机构的基本考虑　244
三、国家住房储蓄银行的资金来源　246
四、国家住房储蓄银行的贷款模式　249
五、国家住房储蓄银行具有巨大的发展空间　252

参考文献　257

第一章
中国房地产市场发展与住房公积金制度回顾

新中国成立之初，我国实际上不存在真正意义的房地产市场，很长一段时间，居民住房实行的是福利分房制度。在当时住房普遍短缺的情况下，福利分房制度满足了大多数城市居民"居者有其屋"的基本需求，对于社会安定和人民生活保障发挥了非常积极的作用。

改革开放后，城市居民住房问题逐渐显现。一方面，1979年后，"文革"期间下乡的许多知识青年集中返城，使得原本就已经短缺的城市居民住房资源短期内难以接纳这么多新增人口的居住需求，造成城市住房的短期压力急剧上升。另一方面，随着改革开放，一些农民逐渐离开农村进入城镇务工，在推动城镇化快速发展的同时，全国城市普遍出现了严重的住房短缺问题。正是在这样的背景下，为了缓解城市住房的紧张状况，住房市场化改革被提上改革日程，并逐渐在全国各地展开。

中国住房公积金制度的建立晚于住房市场化改革。1991年初，国务院进行研究后决定在上海试行住房公积金制度改革。1994年7月，国务院正式出台《关于深化城镇住房制度改革的决定》，确定在全国范围内推行住房公积金制度。在住房公积金制度实施近30年的历程中，为提高城镇居民住房消费能力、改善居民住房条件和保障中低收入群体住房需求发挥了积极作用。但是，随着经济、社会的快速发展，现行的住房公积金制度也存在不适应实际情况的问题。

本章中笔者将简要地回顾中国房地产市场和住房公积金制度的演变历史，详细介绍现行住房公积金制度的基本运作流程，分析住房公积金体系运行的现状和问题。

一、中国城镇居民住房体系发展历程

新中国成立后,由于中国特殊的经济和社会结构,中国城镇居民住房体系经历了几个发展阶段。

1. 第一阶段:福利公房阶段(1949—1978年)

新中国成立初期,中国是极度贫穷落后的农业国。1952年,中国国内生产总值(GDP)总量仅为679亿元,人均GDP不足119元。从产业结构上看,第一产业对GDP的贡献为342.9亿元,占比为50.3%;第二产业对GDP的贡献为141.8亿元,占比为20.7%;第三产业对GDP的贡献为194.3亿元,占比为29%。从人口和城镇化角度看,人口主要聚集在贫穷、落后的农村,从事简单的农业生产,而城镇化率仅为10.64%。

当时,中国经济发展的首要任务是快速实现工业化。为此,政府制定了人为拉大工农业"剪刀差"、用农业反哺工业发展的政策,确立了重工业优先的战略目标。1953年第一个五年计划首次提出:

优先发展重工业，并要求降低住房建设、城市规划等非生产性建设标准。在此后的三个五年计划中，都强调了重工业和农业的优先发展地位。经过快速的工业化进程，中国的经济得以迅速增长。1979年年底，中国GDP达到4 100亿元，相比1952年增长了5倍（如图1-1）。

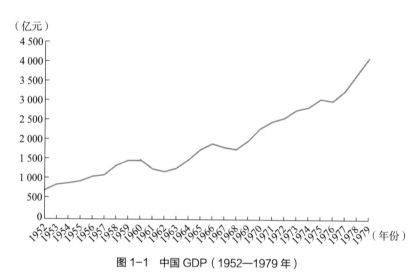

图1-1　中国GDP（1952—1979年）

资料来源：同花顺iFind数据库

与此同时，为了保证工业化的迅速发展，政府采取了干预和控制城市化发展的策略。到改革开放前的1977年，中国的城市化率仅为17.55%。1949—1977年的28年间，城市化率提升不足7个百分点。为了集中有限的资源支持重工业的发展，一方面，政府对产业工人长期采取低工资策略，抑制非生产性消费；另一方面，从1958年开始，在全国范围内正式推行户口登记制度，控制工业化带来的城乡人口流动，减缓城镇化进程，压低城镇居民住房需求，从而保证福利公房制度有效推行了近 30 年（如图 1-2）。

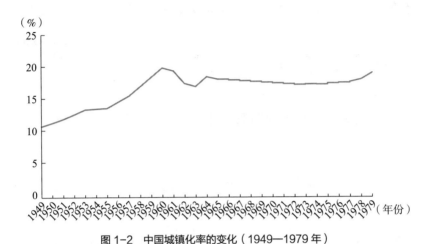

图 1-2　中国城镇化率的变化（1949—1979 年）

资料来源：东方财富 Choice 数据平台

在这个时期，城镇居民住房以计划经济体制下的福利性公房为主，采取"统一管理、统一分配、以租养房"的公房实物分配制度。基本的操作流程是：由所在工作单位按照自身住房需求向国家计划委员会提出申请；审批通过后由政府无偿划拨所需的土地；政府和所在工作单位共同提供建房资金；公房建成后依据单位等级和职工职级进行分配。福利性公房的租金很低，当时的租金水平不是依据房屋建设成本，而是依据国家指定的标准确定。由于低租金无法覆盖成本，单位建房意愿很低。1950—1978 年，住房建设投资仅占基本建设投资的 5.9%，住房供给严重不足。

到 20 世纪 70 年代末，经历了 20 世纪 50 年代和 1963 年至 1976 年两次人口生育高峰，中国人口总数已经超过 9.5 亿人。据建设部（现"住房和城乡建设部"，简称"住建部"）1977 年的统计，全国 190 个城市人均居住面积仅为 3.6 平方米，比新中国成立初期还下降了 0.9 平方米；居民住房消费支出仅占家庭总支出的 1.92%；全国缺房家庭总计 323 万户，达到当时居民家庭总数的 17%，城镇住房供需关系严重扭曲。

2. 第二阶段：住房制度改革探索阶段（1979—1997 年）

1978 年 10 月至 12 月，全国知识青年上山下乡工作会议在北京召开。会议决定终止通过上山下乡的做法来安置城镇青年，并且对已经在农村的知识青年积极妥善地予以安排。1978 年至 1979 年大批在农村的知识青年集中返城。两年内返城知识青年达到 1 100 万人，一时间造成城镇青年就业和居住困难。为了解决城镇居民住房困难问题，1979 年，邓小平首次提出"住房商品化"的想法，指出城镇居民住房问题可以通过私人建房、分期付款等市场化方式解决，打破了"居民住房是非生产性建设、房子只租不售"的制度传统。

从 1980 年起，我国开始探索以市场化的方式对城镇居民住房制度进行改革，先后在全国范围内尝试了按建造成本售房、房租改革和三三制售房等多种新方式。当时，由于福利性公房租金很低，同时居民工资普遍不高，购房意愿很低，这些住房市场化改革的新方式都没有成功。

在此阶段，中央政府选择在深圳特区试点"两权分立"的土地制度以及商品房预售制度。1980 年，深圳经济特区房地产公司组建成立，这是全国第一家房地产企业。1982 年，《深圳经济特区土地管理暂行规定》出台，将土地分为工业、商业、商住等六种类型，并收取不同等级的土地使用费。1983年，为解决房地产企业资金问题，深圳引入商品房预售制度。1987年，深圳借鉴香港模式，首次以拍卖方式出让土地。

随着改革的深入，城镇居民住房制度改革逐渐在全国展开。1986年，国务院成立"住房制度改革领导小组"，全面协调和落实房改工作，并将改革思路转向提租补贴。不过，由于居民收入增长较快，租金提高的幅度较小，以及补贴增加导致财政支出压力较大，改革效果依然不理想。1988年，全国人民代表大会常务委员会第五次会议通过了对《土地管理法》的第一次修订，明确了"国家依法实行国有土地有偿使用制度"，为房地产市场化改革奠定了法律基础。1991年起，政府重新调整改革思路，进一步提出"以售代租、支持集资建房"的改革新方式。

1994年，《城市房地产管理法》和《城市商品房预售管理法》正式确立了商品房预售制度。根据管理办法，商品房预售条件包括：已交付全部土地使用权出让金且取得土地使用权证书；持有《建设工程规划许可证》和《施工许可证》；按提供预售的商品房计算，投入开发建设资金达到工程建设总投资的25%以上，并已确定施工进度和竣工交付日期；商品房预售所得款项，必须用于有关工程建设；等等。

1994年，为了支持住房商品化改革，国务院发布了《关于深化城镇住房制度改革的决定》(简称《决定》)，提出全面推行住房公积金制度、提租、出售公房、建设经济适用房四大改革措施。

《决定》指出，城镇住房制度改革作为经济体制改革的重要组成部分，目标是建立与社会主义市场经济体制相适应的新的城镇住房制度。1996年和1997年，国务院又连续两年提出推进住房制度改革，建设安居工程，加快城镇住房商品化步伐的目标。

3. 第三阶段：商品房全面市场化发展阶段（1998—2016年）

1997年，亚洲金融危机全面爆发，中国的经济也受到了一定程度的冲击。1997年，中国GDP增速大幅下降至7.85%，自1991年以来首次跌破9%。为了提振经济，政府多次提，"要加快住宅建设，使之成为新的经济增长点和消费热点"。

1998年，国务院下发《关于进一步深化城镇住房制度改革、加快住房建设的通知》，提出：1998年下半年起，停止住房实物分配，全面实行住房分配货币化，同时建立和完善以经济适用房为主的多层次城镇住房供应体系。这是住房制度改革历史上具有里程碑意义的事件，中国商品房市场化改革正式全面启动。

2003年，国务院下发《关于促进房地产市场持续健康发展的通知》，明确提出：房地产市场关联度高、带动力强，已经成为国民经济的支柱产业；调整住房供应结构，逐步实现多数家庭购买或承租普通商品住房。房地产行业是国民经济支柱产业的这一定位，确认了中国房地产市场未来的发展前景。

在国家政策的支持下，这一阶段是中国房地产市场快速发展的阶段，商品房销售面积和房价都出现了持续快速上涨。可以看到，2000年至2016年的16年间两者增幅分别高达7.4倍和28.9倍。除了受到 2008 年金融危机的冲击以及 2014 年政策的影响，其他年份商品房销售面积和房价都保持 20% 以上的增速（如图 1-3、图 1-4）。

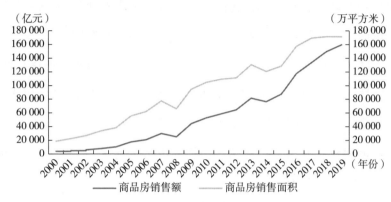

图 1-3　商品房销售面积和销售额（2000—2019 年）

资料来源：国家统计局

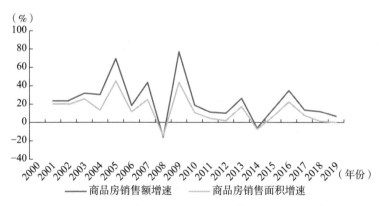

图 1-4　商品房销售额和销售面积增速（2000—2019 年）

资料来源：国家统计局

4. 第四阶段：房地产市场平稳发展阶段（2017 年至今）

截至 2017 年，我国城镇人均住房建筑面积达到 34.2 平方米，城镇居民家庭住房的套户比已经达到 1.07，整体上看，城镇居民住房市场基本实现饱和。为了控制房价继续快速上涨对于宏观经济造成的不利影响，政策基调转向强调坚持"房住不炒""一城一策"的房地产调控政策，房地产市场逐渐进入平稳发展阶段。

这一阶段，房地产市场的整体表现是商品房销售增速逐步回落；同时，房价同比增速高位回落、逐步企稳。自 2017 年以来，商品房销售面积同比增速连续三年下降，2019 年商品房销售面积同比增速仅为 0.05%；商品房销售额增速也连续三年回落，2019 年同比增速为 6.75%。

二、中国住房公积金制度的演变历史

1991 年初，国务院研究决定在上海试行住房公积金制度改革以来，我国住房公积金制度已经走过了整整 30 年。

根据住房公积金体系发展的阶段性，中国住房公积金制度大致可以分为四个阶段。

1. 第一阶段：试点摸索阶段（1991—1993 年）

1991 年初，国务院研究决定在上海试行住房公积金制度，同年 2 月，审议通过《上海市住房制度改革实验方案》（简称《实施方案》）。4 月 29 日，上海政府公开发布《实施方案》具体细则，此后陆续公布包括《上海市公积金暂行办法》《上海市公房提租和补贴实施办法》《上海市住宅建设债券发行和认购办法》《上海市优惠房出售管理办法》等在内的 14 个配套文件。5 月 1 日,《实施方案》正式实施。5 月 18 日,中国建设银行上海市分行发放第一笔住房公积金,标志着住房公积金制度在上海正式启动。

1992 年,在第二次全国住房制度改革工作会议上,国务院充分肯定住房公积金制度的积极作用,同时建议各地根据自身实际情况,逐步推行住房公积金制度。同年,北京、武汉、天津等城市先后建立住房公积金制度。1993 年底,全国已有 26 个省(自治区、直辖市)以及 131 个城市建立了住房公积金制度,住房公积金缴纳总额超过 110 亿元。

2. 第二阶段:全面推行阶段(1994—1998 年)

1994 年 7 月,政府出台《关于深化城镇住房制度改革的决定》,明确提出在全国范围内全面推行住房公积金制度。该决定对住房公积金的缴纳主体、缴纳方法和管理方法等做出了明确的规定。同年 11 月,政府正式出台《建立住房公积金制度的暂行规定》,首次对住房公积金的法律性质及主体加以明确,并进一步规定了住房公积金的缴存、使用及管理等事项。

1996 年 7 月,政府出台《关于加强住房公积金管理的意见》,对住房公积金的属性及管理模式进行明确规定,确定住房公积金应按照"房委会决策、中心运作、银行专户、财政监督"的原则进行管理。

3. 第三阶段：法律制度框架确立阶段（1999—2002年）

经过多年试点实践，1999年3月，国务院发布《住房公积金管理条例》（简称《条例》），这是我国住房公积金管理的最高法规，标志我国住房公积金制度的发展正式进入法制化的新阶段。《条例》对住房公积金的覆盖面、缴存、提取、使用、管理等原则做出了明确的法律规定。

2002年，国务院通过《关于修改住房公积金管理条例的决定》（简称《决定》），对《条例》中存在的问题进行进一步完善。《决定》扩大了住房公积金的缴存主体，增加了住房公积金的监督部门，并完善了住房公积金的管理机制。

4. 第四阶段：住房公积金体系发展壮大阶段（2003年至今）

2003年至今，随着经济社会不断发展，各部委陆续出台不少相关政策法规，对住房公积金的各项机制做出详细规定，我国的住房公积金制度也进入完善阶段。

2004年3月，建设部（现"住房和城乡建设部"）发布《住房公积金行政监督办法》，规定了住房公积金行政监督的原则、机构、方式、内容、监督制度及监督程序等。

2005年1月，建设部、财政部和中国人民银行发布《关于住房公积金管理若干具体问题的指导意见》，增加住房公积金缴纳的覆盖人群，同时规定单位和职工住房公积金的缴存比例和缴存月工资基数。

2008年12月，发布《关于促进房地产市场健康发展的若干意见》，住房公积金首次被允许进入居民住房建设投资领域。文件提出"选择部分有条件的地区试点，将本地区闲置的住房公积金部分用于经济适用房等建设"。

2009年10月，住建部等七部门联合发布《关于利用住房公积金贷款支持保障性住房建设试点工作的实施意见》，对利用住房公积金贷款支持的保障性住房类型及发放公积金贷款的前提条件做出具体规定。

2015年9月，住建部《住房城乡建设部关于住房公积金异地个人住房贷款有关操作问题的通知》，对异地使用公积金贷款的职责分工、办理流程及相关要求做出规定。

2018年5月，住建部发布《关于开展治理违规提取住房公积金工作的通知》，提出规范住房公积金提取政策，优化住房公积金提取审核流程，推进部门信息共享，建立跨地协查机制。

2019年3月，国务院发布《关于废止和修改部分行政法规的决定》，对《条例》部分内容进行修改。

三、中国现行住房公积金制度的基本运作流程

中国住房公积金管理的基本原则是"住房公积金管理委员会决策、住房公积金管理中心运作、银行专户存储、部门监督"。在具体运作上，包括缴存、提取、贷款及管理四个主要环节。

1. 强制缴存制度

根据《条例》，达到缴存条件的单位或职工必须按期、足额缴纳住房公积金。无雇工的个体工商户及其他灵活就业人员，可由个人缴纳住房公积金。因此，住房公积金的缴存具有法律强制保障。具体的要求是：职工所在单位不办理住房公积金缴存登记或者不为本单位职工办理住房公积金账户设立手续的，由住房公积金管理中心责令限期办理；逾期不办理的，处1万元以上5万元以下的罚款。

住房公积金制度的强制性具体体现在以下方面：

（1）公积金账户的强制开立

具体包括两个层面：机构层面和职工层面。

在机构层面，机构正式设立之后30日内，必须到所在地住房公积金管理中心办理住房公积金账户申请。由住房公积金管理中心审核后，到受委托银行为本单位职工办理住房公积金账户设立手续。

在职工层面，每个职工只能有一个住房公积金账户。

（2）公积金缴存比例的强制约定和强制缴纳

我国目前并没有统一的公积金缴存比例，只是规定职工和单位住房公积金的缴存比例均不得低于5%，不得高于12%。具体比例由企业自行确定。

职工个人缴存住房公积金的月缴存额为住房公积金缴存基数乘以职工住房公积金缴存比例，由所在单位每月从其工资中代扣代缴；单位为职工缴存住房公积金的月缴存额为住房公积金缴存基数乘以单位住房公积金缴存比例。

职工个人缴存的住房公积金和职工所在单位为职工缴存的住房公积金，都属于职工个人所有。由住房公积金管理中心计入职工住房公积金账户，任何单位和个人不得挪作他用。

（3）公积金缴存基数的强制确定

住房公积金的缴存基数，按照职工本人上一年度月平均工资确定，且不得低于职工所在工作地上一年度单位就业人员平均工资的60%，不得高于职工所在工作地上一年度单位就业人员平均工资的3倍。新参加工作职工和新调入职工住房公积金缴存基数按照职工本人当月工资确定。

2. 住房公积金的提取

《条例》对住房公积金账户资金的提取也进行了严格的、强制性的规定。

（1）提取条件

只有符合以下条件之一，职工才可以申请提取住房公积金账户余额。这些条件包括：

- 购买、建造、大修、装修自住住房；

- 离休退休；

- 完全丧失劳动能力，并与单位终止劳动关系；

- 出境定居；

- 偿还购房贷款本息；

- 无房职工支付自住住房租金；

- 支付自住住房物业费；
- 职工死亡或者被宣告死亡的，职工的继承人、受遗赠人可以提取职工住房公积金账户内的存储余额；
- 无继承人也无受遗赠人的，职工住房公积金账户内的存储余额纳入住房公积金的增值收益。

（2）住房公积金的提取手续

需要职工本人持相关材料向住房公积金管理中心申请提取住房公积金。如果材料手续齐全，住房公积金管理中心将当场做出准予提取或者不准提取的决定。需要进一步核查相关信息的，自受理申请之日起3日内做出准予提取或者不准提取的决定，并通知申请人。

准予提取的，住房公积金管理中心应通知受委托银行即时办理支付手续。

3. 住房公积金贷款的申请与发放

连续缴存住房公积金达到规定期限的职工，在购买、建造、翻建、大修自住住房时，可以向住房公积金管理中心申请住房公积金贷款。

对住房公积金实行"平存低贷"的优惠利率政策，其贷款利率低于各大商业银行的购房贷款利率。各地公积金管理委员会，结合当地的经济情况，确定住房公积金贷款的最高贷款额度以及其他贷款条件。

住房公积金管理中心自受理申请之日起10日内做出准予贷款或者不准贷款的决定，并通知申请人。准予贷款的，通知受委托银行办理贷款手续。

4.住房公积金的管理

我国住房公积金的管理部门主要包括住房公积金管理委员会和住房公积金管理中心。

（1）住房公积金管理委员会

住房公积金管理委员会是住房公积金管理的决策机构。其成员包括政府负责人，住建部、财政部、中国人民银行及审计部门负责人，缴存职工代表，缴存单位代表和有关专家。其中缴存职工代表不低于管委会总人数的三分之一。

我国住房公积金的决策体系为典型的科层制机构，自上而下共分为四个层级。最高层级是由国务院、住建部、财政部、中国人民银行等相关部门组成的决策机构；下一层级由省（自治区）人民政府、住建厅、财政厅、人民银行分支行共同组成；再下一层级由市级人民政府、市住建局、市财政局、人民银行分支行共同组成；最后一个层级由区级人民政府和区属各级机构共同组成。各层级自上而下逐级执行政策法规，以保证住房公积金各项法规的有效实施。

住房公积金管理委员会的具体职责包括：拟定住房公积金的具体缴存比例；确定住房公积金的最高贷款额度和提取额度；审批住房公积金归集、使用计划；审议住房公积金增值收益分配方案；审批住房公积金呆坏账核销申请；审议住房公积金年度报告等。

（2）住房公积金管理中心

住房公积金管理中心是我国住房公积金管理的具体执行部门，是具有公益性质的独立事业单位。

各直辖市、自治区人民政府所在地的市及其他设区的市（地、州、盟）只能设立一个住房公积金管理中心，统一负责运作本地区的住房公积金，同时可根据需要在县（市）设立分支机构。截至 2020 年末，全国共设有住房公积金管理中心 341 个；未纳入设区城市统一管理的分支机构为 137 个，其中，省直分支机构为 24 个，石油、电力、煤炭等企业分支机构为 69 个，区县分支机构为 44 个。

公积金管理中心由主任和副主任牵头，对管理中心的日常事务进行管理。具体职责包括行政管理和资本运营两部分。行政管理职责包括：编制、执行住房公积金的归集、使用计划；负责记载职工住房公积金的缴存、提取、使用等情况；以招标方式确定代理银行，并委托其办理住房公积金金融业务；负责住房公积金的核算；编制、公布住房公积金年度报告等。资本运营职责包括公积金的保值增值等。

中国住房公积金制度运作流程如图 1-5。

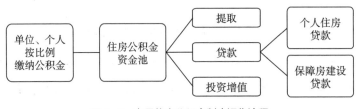

图 1-5 中国住房公积金制度运作流程

四、中国住房公积金制度的现状

住房公积金制度随着我国社会经济的发展和住房制度的改革正在不断完善。

1. 住房公积金规模不断膨胀

截至 2020 年末,我国住房公积金的累计缴存额为 195 834.91 亿元,累计提取额为 122 793.52 亿元,提取后缴存余额为 73 041.40 亿元。其中,2020 年住房公积金的缴存额为 26 210.83 亿元,比上年增长 10.55%(如图 1-6)。

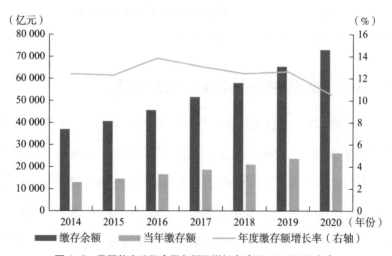

图 1-6　我国住房公积金缴存额及增长率(2014—2020 年)

资料来源:全国住房公积金 2014—2020 年年报

2020 年住房公积金当年提取额的 18 551.18 亿元,占当年缴存总额的 70.78%,比 2019 年增加 2.11%(如图 1-7)。

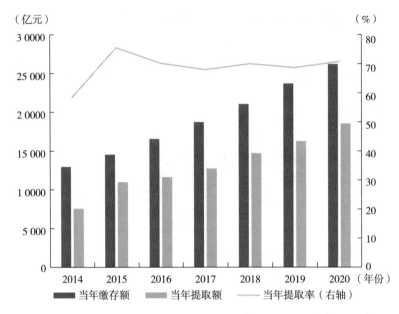

图 1-7　住房公积金提取额及增长率（2014—2020 年）

资料来源：全国住房公积金 2014—2020 年年报

2. 公积金提取用途以购房为主，逐渐多元化

在 2020 年住房公积金提取总额的 18 551.18 亿元中，住房消费类提取金额为 15 130.52 亿元，占比为 81.56%；非住房消费类提取金额为 3 420.66 亿元，占比为 18.44%。在提取用途中，占比最大的前三项分别是偿还购房贷款本息，购买、建造、翻建、大修自住住房和离退休。其中偿还购房贷款本息的提取金额为 8 684.93 亿元，占比为 46.82%；购买、建造、翻建、大修自住住房提取金额为 5 118.26 亿元，占比为 27.59%；离退休提取金额为 2 370.31 亿元，占比为 12.78%（如图 1-8）。

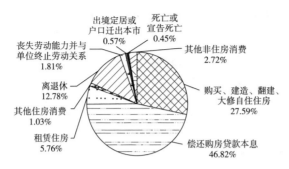

图 1-8　2020 年住房公积金提取用

资料来源：全国住房公积金 2020 年年报

3. 从缴存单位构成来看，以私营企业为主

数量占比最大的前三名分别为城镇私营企业及其他城镇企业、国家机关和事业单位以及其他类型企业。截至 2020 年底，住房公积金实缴单位为 365.38 万个，实缴职工为 15 327.7 万人。其中，城镇私营企业及其他城镇企业为 207.95 万个，占比为 56.91%，实缴职工为 5 358.4 万人，占比为 34.96%；国家机关和事业单位为 72.61 万个，占比为 19.87%，实缴职工为 4 513.36 万人，占比为 29.45%。2014—2020 年住房公积金缴存情况如图 1-9。

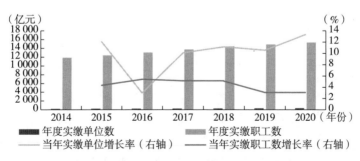

图 1-9　住房公积金缴存情况（2014—2020 年）

资料来源：全国住房公积金 2014—2020 年年报

2020年住房公积金缴存数量比如图1-10。

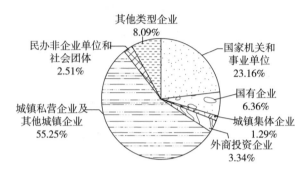

图1-10　2020年单位缴存数量比

资料来源：全国住房公积金2020年年报

4. 从贷款发放情况来看，以新房贷款为主

截至2020年末，我国累计发放个人住房贷款为3 921.31万笔，贷款金额达到111 337.6亿元，其中个人住房贷款余额为62 313.53亿元。2020年当年发放个人住房公积金贷款302.77万笔，贷款金额为13 360.04亿元（如图1-11）。

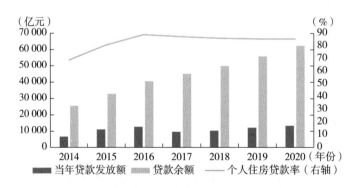

图1-11　个人住房公积金贷款（2014—2020年）

资料来源：全国住房公积金2014—2020年年报

在 2020 年个人住房公积金贷款的发放金额中，新房贷款占比为 67.82%，相比 2019 年增加 0.57 个百分点；存量房贷款占比为 31.16%，相比 2019 年减少 0.71 个百分点；建造、翻建、大修自住住房贷款占比为 0.11%，相比前一年减少 0.1 个百分点（如图 1-12）。

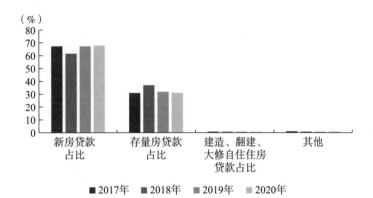

图 1-12　个人住房公积金贷款房屋类型占比（2017—2020 年）

资料来源：全国住房公积金 2017—2020 年年报

第二章
新加坡中央公积金制度研究与启示

研究新加坡公积金制度对于我国具有特殊的意义。我国最早在上海推行的住房公积金试点方案，很多方面就是借鉴了新加坡中央公积金制度。因此，全面准确地研究新加坡中央公积金制度的演变过程，对中国住房公积金制度的改革具有很强的借鉴意义。

尽管在名称上非常接近，但是新加坡中央公积金制度与我国现行的住房公积金制度在制度设计和管理上存在不同。新加坡中央公积金制度并不仅仅是为解决新加坡居民住房需求所设立的政策性金融体系。它既覆盖了与组屋（Public House）等与公共住房体系相关的政策性住房金融需求，也覆盖了新加坡全国的社会保障体系。准确地说，新加坡中央公积金制度相当于我国的社保与住房公积金体系的综合，从新加坡中央公积金账户所涵盖的范围就可以清楚地看出。新加坡中央公积金账户包括四个子账户：普通账户（Ordinary Account，OA）、特殊账户（Special Account，SA）、医疗账户（Medisave Account，MA）和退休账户（Retirement Account，RA）。这四个账户的资金分别可满足住房、保险、投资、教育、养老医疗等支出需要。

为了更准确、更清晰地进行研究比较，在本章中，我们将首先分析新加坡中央公积金制度形成和演变的经济与社会背景，阐明新加坡中央公积金制度并不是一成不变的，而是随着新加坡经济和社会变化而不断调整和改革的；其次，我们将全面系统地介绍新加坡现行居民住房供应体系，说明新加坡中央公积金制度有效发挥效能的前提和基础是公共住房——组屋，其已经成为新加坡房地产市场创造的基本盘；最后，我们将对新加坡中央公积金制度的运作流程和管理方式进行细致的介绍和分析。

一、新加坡中央公积金制度形成的经济和社会背景

新加坡的中央公积金制度从诞生至今,无论是资金筹集、管理体系还是用途都已经发生很大的变化。整体上看,新加坡中央公积金制度是随着新加坡经济和社会的变化而不断调整和改革的。

新加坡中央公积金制度,大致上可以分成三个不同的发展阶段。

1. 初期阶段:主要作为养老账户而设立(1955—1965年)

第二次世界大战(简称"二战")结束时,新加坡尚未独立,仍处于英国的殖民统治之下。由于当时同属英国殖民地的马来西亚已经实施了全民公积金计划,为了便于管理,新加坡也开始推行公积金计划。但当时,新加坡只有公务员及少数大公司员工享受公积金待遇,并未惠及全民。

1955年,随着《中央公积金法》的正式颁布及中央公积金局(Central Provident Fund Board,CPFB)时成立,新加坡的中央公积

金制度正式建立。其核心思想是政府强制规定雇员和雇主根据工资收入的比例按月缴纳公积金，并交由政府运作，其本息可以作为个人养老、购房及医疗的资金来源。

中央公积金制度设立初期，其目的是解决大多数中小企业雇员的养老问题，因此，新加坡政府规定：已设养老金的政府机构及部分大公司可以免缴公积金，其余企业按月收入的10%缴纳公积金；同时，工资低于一定水平的雇员可以免缴公积金。

2. 调整阶段：扩展为养老+公共住房购买账户（1965—1978年）

1965年8月9日，新加坡正式脱离马来西亚，成为一个独立的主权国家。由于当时新加坡经济十分落后，居民住房紧张，急需筹集购建住房所需的资金。新加坡政府开始研究扩大公积金的使用范围。1968年9月，新加坡政府将公共住房计划纳入中央公积金制度，允许公积金会员使用公积金购买建屋发展局（Housing and Development Board，HDB）建造的公共住房——组屋。这使公积金的使用范围得到很大的扩展，对新加坡中央公积金制度的发展具有划时代的意义。

在这之后的几十年中，中央公积金制度为解决大多数新加坡人的居住问题发挥了非常重要的作用。

3. 成熟阶段：进一步发展成为综合账户（1978年至今）

1978年后，随着新加坡经济的迅速成长，房地产市场的供需趋于平衡，新加坡中央公积金的使用范围再度出现扩展。首先，公积金的使用范围扩展到可以进行适度的投资；1984年后，公积金又被允许用于支付医疗费用及购买医疗保险。现在，新加坡的中央公积金制度已经发展成为一个集住房、教育、医疗、养老为一体的综合性社会保障体系。

新加坡中央公积金局近期的报告显示：截至2021年上半年，缴纳公积金的会员数量达到408万人（截至2019年6月，新加坡公民和永久居民共计402万人，覆盖率达到97%），中央公积金局管理的资产规模达到4 621亿新元。图2-1和图2-2是2009—2018年新加坡公积金会员数及余额情况。

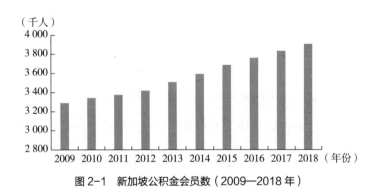

图2-1　新加坡公积金会员数（2009—2018年）

资料来源：新加坡中央公积金局

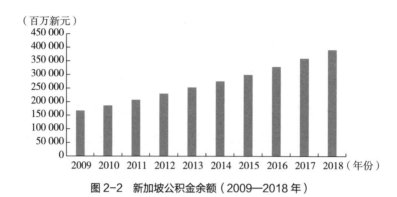

图 2-2　新加坡公积金余额（2009—2018 年）

资料来源：新加坡中央公积金局

二、新加坡现行居民住房供给体系

20世纪60年代，新加坡经济十分落后，大多数新加坡人的居住条件非常差，且没有能力购买自有住房。为了解决这个问题，1960年，新加坡政府专门成立了建屋发展局。建屋发展局的定位是非营利性机构，其主要资金来源是政府投资局通过发行长期债券募集到的资金。建屋发展局的目标是针对新加坡人的住房问题提出组屋计划，致力于为新加坡人提供高品质且可负担的公共住房。

目前，新加坡人的家庭房产分为政策性公共住房和私人住房两大类。其中政策性公共住房被称为组屋，是由政府法定机构——建屋发展局——主导建设，主要覆盖中低收入家庭。目前，80%的新加坡人居住在组屋内，其中有90%拥有房屋产权。组屋成为新加坡房地产市场的基本盘。私人住房则包括公寓、排屋和独立别墅，由地产商建设，主要面向高收入家庭。目前，私人住房仅占全部家庭住房市场的15%—20%。

新加坡对公共住房和私人住房实行双轨制，开发和定价机制完全不同。

第一，在开发方面，组屋由政府法定机构——建屋发展局——统筹规划，全程控制。组屋开发包括土地供应、规划设计、建设招标、统一分配和物业管理等各个环节。而私人住房则完全采取市场化机制，政府基本不做干预。

第二，在定价方面，政策性公共住房与私人住房的价格存在较大的差异。近年来，新加坡组屋的房价收入比基本维持在 5.5 左右，而私人住房的房价波动较大，房价收入比维持在 10—20。

第三，组屋的售价不是以成本为依据的，而是由政府根据居民的收入支付能力统一确定。按照 20—25 年分期还款计算，月还款额控制在家庭月收入的 20% 左右，差额由政府补贴。2010 年以来，价格基本维持在 400—500 新加坡元/平方尺①，仅为同期私人住宅 1 000—1 300 新加坡元/平方尺价格的 30%—50%。在这种"双轨制"体系中，政府可以在私人住宅市场上以高地价、高税率的形式在高收入人群中获取收益，并通过公共住房市场将其转移支付给中低收入人群，有效保障了效率和公平性。

第四，在政策性公共住房的建设和服务方面，组屋的房屋质量、配套设施和建筑地段较好，与一般的商品住房无差别，并有从一室到五室的多种房型可供选择，可以满足不同家庭人口的居住需求。

第五，在政策性公共住房的购买资格和产权管理方面，新加坡

---

① 1 平方尺 ≈0.11 平方米。

政府有一整套严密的管理办法。

- 每个家庭只能购买一套组屋，收入符合条件的无房新加坡核心家庭均可自由申请。
- 组屋只能用于居住，不得用于商业经营。
- 组屋出售后产权归个人所有，个人购买组屋后可以进入市场出售。但三室以上或者公寓式组屋必须住满5年才可上市交易。
- 在组屋出售后，建屋发展局享有利润分成的权利，分成比例根据组屋的类型有所差异。

三、新加坡中央公积金制度的运作流程和管理方式

新加坡中央公积金制度是新加坡社会保障制度的核心，即通过强制储蓄实现自我保障的体系。雇主和雇员有按比例、按时缴纳公积金的义务，中央公积金管理主要由专业的政府机构——中央公积金局负责。

以下我们从新加坡中央公积金的缴纳、提取及管理三个方面，具体介绍雇主、雇员和中央公积金局在新加坡中央公积金制度实际运作中承担的职责。

1. 中央公积金的缴纳

根据新加坡《中央公积金法》，所有新加坡公民和具有永久居

住权的雇员，只要员工在公司当月收入超过50新币，就必须每月按比例缴纳公积金。同时，雇主也必须按雇员月工资的一定比例缴纳公积金，二者共同存入雇员的中央公积金账户。其中雇主缴纳的部分可以计入本企业生产成本抵扣相关税款。

新加坡中央公积金的缴纳比例被划分得非常精细。因雇员年龄、取得公民资格年限、收入水平不同而有所不同，并且根据实际情况加以调整。由中央公积金局根据经济情况每年确定一次。最初设定的缴纳比例是雇员工资的10%，其中雇员和雇主各承担5%。历史上曾出现过各承担8%、10%、15%甚至最高各25%的缴纳比例。

目前新加坡中央公积金缴纳比例见表2-1。该表显示的缴纳比例适用于新加坡公民或永久居民（第三年起）。

表2-1 新加坡中央公积金缴纳比例（2016年1月1日起）

年龄	月工资总额（新元）	总缴纳（雇员和雇主）（新元）	雇员缴纳（新元）	雇主缴纳（新元）
55岁及以下	≤50	无	无	无
	50—500	17%	无	17%
	500—750	17%+0.6（工资500）	0.6（工资500）	17%
	≥750	37% 最高2 200	20% 最高1 200	17% 最高1 000
56—60岁	≤50	无	无	无
	50—500	13%	无	13%
	500—750	13%+0.39（工资500）	0.39（工资500）	13%
	≥750	26% 最高1 560	13% 最高780	13% 最高780

续表

年龄	月工资总额（新元）	总缴纳（雇员和雇主）（新元）	雇员缴纳（新元）	雇主缴纳（新元）
61—65岁	≤50	无	无	无
	>50—500	9%	无	9%
	>500—750	9%+0.225（工资500）	0.225（工资500）	9%
	≥750	16.5% 最高900	7.5% 最高450	7.5% 最高450
65岁以上	≤50	无	无	无
	>50—500	7.5%	无	7.5%
	>500—750	7.5%+0.15（工资500）	0.15（工资500）	7.5%
	≥750	12.5% 最高750	5% 最高300	7.5% 最高450

资料来源：新加坡中央公积金局

新加坡永久居民身份通过后，第一年和第二年的中央公积金缴纳比例，具体比例见表2-2。

表2-2　55岁以下新加坡永久居民两年内中央公积金缴纳比例

永久居民（>$750）	总计	个人缴纳	雇主缴纳
第一年	9%	5%	4%
第二年	24%	15%	9%

资料来源：新加坡中央公积金局

（1）公积金各个子账户之间的分配比例

每个中央公积金账户下都分设普通账户（OA）、特殊账户（SA）和医疗账户（MA）三个子账户。此外，在员工达到55岁退休年龄时，还会自动生成第四个账户——退休账户（RA）。

中央公积金局将员工和雇主缴纳的公积金按一定比例存入公积金的各个子账户。整体上的设计是：年轻人普通账户比例高，医疗账户比例低；随着年龄的增长，普通账户的比例逐渐下调，医疗账户的比例逐渐提高，具体分配比例见表2-3。

表2-3　公积金各子账户分配比例（2016年1月1日起）

员工年龄	普通账户	特别账户	医疗账户
35岁及以下	0.621 7	0.162 1	0.216 2
36~45岁	0.567 7	0.189 1	0.243 2
46~50岁	0.513 6	0.216 2	0.270 2
51~55岁	0.405 5	0.310 8	0.283 7
61~65岁	0.212 2	0.151 5	0.636 3
65岁以上	0.08	0.08	0.84

资料来源：新加坡中央公积金局

近年来，新加坡中央公积金账户总规模呈稳步增长的态势，各子账户余额也在逐年增加。新加坡中央公积金局最新数据显示：2018年公积金账户总额为3 911亿新元，其中普通账户余额为1 342.26亿新元，占比约为34.3%；特别账户余额为1 001.66亿新元，占比约为25.6%；医疗账户余额为961.5亿新元，占比约为24.6%；退休账户为605.75亿新元，占比约为15.5%。

（2）中央公积金的存贷款利率

普通账户、特殊账户和医疗账户的存贷款利率由中央公积金局每个季度确定一次，退休账户则是每年确定一次。各个子账户的利率有所不同，实行"高进低出"的基本原则，一般存款利率不低于当地主要银行三个月期的平均市场利率，同时设定 2.5% 的最低存款利率下限；贷款利率则随着存款利率变动而变动，一般低于市场贷款利率。

2019 年最新公布的数据显示，目前存款利率分别为普通账户 2.5%，特殊账户 4%，医疗账户 4%，以及退休账户 4%。会员公积金账户中第一个 6 万美元可以额外获得 1% 的收益（其中包括来自普通账户不超过 2 万新元的存款）；此外，年龄超过 55 岁的会员，公积金账户中第一个 3 万新元还可以额外获得 1% 的年收益（其中包括来自普通账户不超过 2 万新元的存款），即该部分最高可以获得 6% 的年收益（见表 2-4）。

表 2-4 新加坡公积金各账户最新存款利率（2019 年 7—9 月）

公积金子账户	存款利率
普通账户	2.5%+1% 额外利率（有条件）
特别账户	4%+1% 额外利率（有条件）
医疗账户	4%+1% 额外利率（有条件）
退休账户	4%+1% 额外利率（有条件）

资料来源：新加坡中央公积金局

2. 新加坡中央公积金的提取

中央公积金各个子账户的功能和使用方式存在明显不同。中央公积金局对每个公积金子账户——普通账户、特殊账户、医疗账户和退休账户——的资金提取都限定了特定用途（见表 2-5）。

表 2-5 新加坡公积金各子账户资金用途

公积金子账户	资金用途
普通账户	用于住房支出、保险支出、投资支出及教育支出
特殊账户	用于养老及与退休相关的金融产品投资
医疗账户	用于支付医疗费用和已获批的医疗保险计划的保费
退休账户	55 岁时自动创建,用于提供每月退休金

资料来源:新加坡中央公积金局

(1)普通账户

该账户为中央公积金的主账户,设立时间最早。主要用于账户持有人的家庭住房支出、保险支出、教育支出及投资支出。

① 住房支出

会员可以提取普通账户中的公积金存款和每月新的缴存款,支付购买组屋或私人房产所需的全部或部分款项;偿还每月房贷;支付印花税、律师费和其他相关费用等。

因购买房屋的类型、购买方式和贷款方式不同,会员使用公积金普通账户存款用于住房支出的数额上限也有所差异,具体规定见表 2-6。

表 2-6 会员购买组屋可使用的公积金上限

房屋类型	购买方式	贷款方式	贷款利率	可使用的公积金上限
建屋发展局建造的组屋	直接从建屋发展局购买	无贷款	无	以购买价格或建屋发展局要求的金额为限
		建屋发展局贷款	利率固定为普通账户存款利率+0.1%,允许每月调整	以购买价格或房屋贷款的金额为限

续表

房屋类型	购买方式	贷款方式	贷款利率	可使用的公积金上限
建屋发展局建造的组屋或地产商（DBSS）设计建造的组屋	转售购买	建屋发展局贷款	利率固定为普通账户存款利率+0.1%，允许每月调整	若未留足基本存款（Basic Retirement Sum, BRS），则以房屋评估价格为上限；若留足基本存款，则最多可贷房屋价格的90%
	直接从建屋发展局购买/转售购买	银行贷款	浮动利率，视市场而定	若未留足基本存款，则以房屋评估价格为上限；若留足基本存款，则最多可贷购买房价的80%

资料来源：新加坡中央公积金局

因购买私人住宅的时间不同，会员使用公积金普通账户存款用于住房支出的数额上限也有所差异，具体见表2-7。

表2-7 会员购买私人住宅可使用公积金的上限

购买房屋的日期	可使用的公积金上限
2002年9月1日之前	若未留足基本存款，以房屋评估价为限；若已留足基本存款，则以房屋贷款总额为限
2002年9月1日之后	若未留足基本存款，以房屋评估价为限；若已留足基本存款，则以房屋评估值的1.2倍为限

资料来源：新加坡住房公积金局

同时，因购买房屋的剩余租期，以及申请者年龄不同，公积金普通账户存款用于住房支出的比例也存在差异，但购买组屋和私人住宅若满足同等条件则比例相同，具体比例见表2-8。

中央公积金局还有一些额外的规定，如：破产者不能提取中央公积金用于购买私人住宅；超过55岁的会员，只可使用超过基本存款（BRS，金额为8.8万新元）的中央公积金储蓄，向建屋发展局购买一套单间公寓或者租期在15—45年的两居室等。为了保障会员及其家人在死亡、绝症或完全永久伤残的情况下，不会失去自有房屋，中央公积金局还为65岁以下的会员提供了一份房屋保险（HPS），保险期限至房贷全部偿还完毕为止。

表2-8 会员可申请用于住房支出的公积金比例

住房剩余租期（年）	申请使用公积金的最小年龄			
	25（岁）	35（岁）	45（岁）	55（岁）
≥70	100%			
60	80%	100%		
50	60%	75%	100%	
40	40%	50%	67%	100%
<20	0			

资料来源：新加坡中央公积金局

② 教育支出

会员可以将扣除最低存款后的中央公积金存款余额的80%用于支付本人、子女、配偶兄弟姐妹或亲戚就读政府认可的新加坡全日制大学或者专科课程所需的学费。

会员可以申请提取普通账户累积存款（指普通账户目前余额，加上此前支取的教育投资费用，不包括住房支出）的40%，或预留住房支出等费用后普通账户存款的余额（以两者数值较低者为准），用于支付本人、子女、配偶、兄弟姐妹或亲戚就读政府认可的新加坡全日制大学或者专科课程所需的学费。

如果使用者是本人、子女、配偶或兄弟姐妹，该项费用可以全额支取；如果使用者是亲戚，则需要根据对方就读学校的性质确定支取比例，大学到专科为 10%—50%。如果会员年满 55 岁，则需要在退休账户中留够全额存款（FRS，金额为 17.6 万新元）之后，才可以支取普通账户中的剩余存款用于教育支出。

虽然会员使用的是自身普通账户中的存款，但其将其用于教育支出仍需支付利息，因此该计划实质上是一项贷款计划。会员必须在使用者毕业一年之后，每月用现金偿还支取的普通账户中的存款和产生的利息，利息参照普通账户的当期存款利率，每季度调整一次。分期还款的最长年限为 12 年，也可以选择一次性付清。

③ 投资支出

会员可以通过中央公积金投资计划（Central Provident Fund Investment Scheme，CPFIS），投资购买中央公积金局准许的 200 多种金融产品，以补充自身的退休计划，但风险需自负。

会员需要满足特定条件才能使用普通账户的资金参与投资计划，具体包括：年满 18 岁，未破产，普通账户资金超过 2 万新元或者特殊账户资金超过 4 万新元。一旦会员决定开展投资计划，可以在中央公积金局指定的三家代理银行——星展银行、华侨银行和大华银行开设投资账户，并购买产品。

中央公积金投资计划分设普通账户投资计划和专门账户投资计划两类。普通账户投资计划可选择的金融工具主要包括以下三类：第一类产品无投资限制，包括定期存款、新加坡政府债券、国库券、法定机构债券、新加坡政府担保债券和年金等；第二类产品投资上限不超过 35%，包括股票、产业基金（不动产投资信托）、公司债券等；第三类产品投资上限不超过 10%，主要针对黄金等贵金属投资。专门账户投资计划可选择的金融产品受到更加严格的限制，包括不可投资于基金、股票、产业基金、债券等，一般投资方向为保险或者单位信托。事实上，大部分中央公积金并没有进行任何主动投资，一般都由中央公积金局投资运作。

（2）医疗账户

该账户于 1984 年设立，可以用于支付会员本人、配偶、子女、父母、祖父母和兄弟姐妹的门诊医疗费用和已获批准的医疗保险计划的保费。其中，配偶、子女和父母可以是任何国籍，而祖父母和兄弟姐妹必须是新加坡国籍或拥有新加坡永久居住权。

医疗账户可使用的场所包括公立医院以及政府准许的部分私立医院、康复中心和透析中心等。在提取限额之内，医疗账户适用的部分医疗项目和住院项目见表 2-9。

根据会员的年龄，规定了医疗账户的存款金额上限。如果医疗账户的存款金额已经达到上限，之后就不再增加，而是将每月应转入医疗账户的金额自动转入中央公积金的其他子账户。具体转入的子账户因会员年龄而异：如果会员未满 55 岁，相应的金额将转入特殊账户；如果会员已满 55 岁，就会将医疗账户的存款直接转入退休账户（见表 2-10）。

医疗账户的支取额度不能超过医疗子账户的存款上限。一般情况下，医疗账户的支取额度足够支持公立医院 B2 病房或 C 病房的费用标准；如果会员选择更高级别的 A 病房或 B1 病房以及私立医院，就需要额外使用现金支付差额，或者使用配偶、子女、父母及兄弟姐妹的中央公积金医疗账户作为补充。

表2-9 新加坡医疗账户适用的部分医疗项目及提取限额

医疗项目	医疗账户提取限额
急性护理	
手术住院	每天450新元手术费
一日手术	每天300新元手术费
住院治疗（精神科治疗）	每天150新元，一年最多5 000新元
康复护理	
在获准的社区医院	每天150新元，一年最多5 000新元
在日间康复中心	每天25新元，每年最多1 500新元
临终护理	
在政府认可的护理中心	每天200新元
门诊治疗	
慢性病	每项费用每年500新元；慢性疾病医疗账户支付85%、现金支付15%
糖尿病、高血压、高胆固醇、中风、哮喘、骨质疏松、风湿等	
特定人群的疫苗注射	
5岁以下儿童肺炎球菌疫苗注射、乙肝接种、9~26岁女性接种HPV疫苗、水痘疫苗等	
体检	
50岁以上女性的乳腺检查、新生儿的部分检查	
放射治疗	
体外放射	每次80新元
近距离体外放射	每次300新元
立体定向放射	每次2 800新元

资料来源：新加坡中央公积金局

表2-10 各年龄层次会员医疗账户的存款上限

在2019年达到的年龄	达到65岁时的年份	医疗账户的存款上限（新元）
65岁	2019年	57 200
66岁	2018年	54 500

续表

在2019年达到的年龄	达到65岁时的年份	医疗账户的存款上限（新元）
67岁	2017年	52 000
68岁及以上	2016年或更早	49 800

资料来源：新加坡中央公积金局

针对新加坡老龄化加速的社会问题带来的医疗费用上升，政府在医疗账户的基础上还推出了健保双全计划、保健基金计划和医疗账户计划（合称"3M计划"）。首先，1990年7月开始实施健保双全计划（MediShield），这项计划是为新加坡中央公积金参与者设立的一种大病医疗保险。每位年满16岁的新加坡公民和永久居民在首次缴纳中央公积金后，即视为自动加入。该计划允许会员用医疗账户中的存款进行投保，以确保会员未来有能力支付因重病治疗和长期住院所产生的、超过医疗账户资金的医疗费用。2015年底，该计划又进一步全面升级为终身健保双全计划（MediShield Life）。这项计划取消了之前健保双全计划的90岁年龄上限，因此保障范围也更广，缴纳费用也更高。1993年推出的保健基金计划主要是对医疗账户和健保双全计划之外仍无法支付超额医疗费用的患者实施医疗救济。

（3）特殊账户

该子账户主要用于会员的养老以及与退休相关金融产品的投资。根据会员的年龄又分为不同的情况，通常以55岁为标准。

在55岁之前，可以选择将普通账户的存款转入特殊账户，或者直接使用现金存入特殊账户，从而获得5%的年利率（普通账户仅为3.5%）。存入现金的最高金额是全额退休账户全额存款上限（金额为17万新币）。同时，存入现金部分可享受每年最高7 000新元的免税额度。

如果会员已经年满55岁，可以选择将普通账户和特别账户的存款直接存入退休账户，或者直接使用现金存入退休账户，获得5%的年利率。最高存入现金的金额以增强退休账户为上限（Enhanced Retirement Sum, ERS；金额为26.4万新元）。

需要注意的是，一旦会员选择现金填补，或是将普通账户存款转入特殊账户，则该资金不可逆转。

（4）退休账户

当会员年满55岁时，可以申请从普通账户或者特别账户中最多提取5 000新元，其他存款将会自动转入退休账户，成为退休存款。转入金额以全额存款的数额为上限，同时特别账户将被撤销。

当会员达到可领取年龄时，即可每月提取退休金。会员如果需要继续支付尚未偿还完毕的房贷，可以在54岁时向中央公积金局提出申请，保留普通账户中的部分余额，前提是退休账户中已经留够全额存款或基本存款的数额。

因会员出生年份不同，获得领取退休金资格的年龄有所区别。会员也可以申请延迟领取退休金，最多可至70岁，这样可以获得更高金额的退休金；已故会员的指定受益人也可以申请提取已故会员未领取完毕的公积金存款。

获得领取退休金资格的年龄具体见表2-11。

表 2-11 有资格领取退休金的年龄

出生年份	获得领取退休金资格的年龄（岁）
1943 年之前	60
1944—1946 年	62
1950—1951 年	63
1952—1953 年	64
1954 年之后	65

资料来源：新加坡中央公积金局

随着人均寿命的不断延长，新加坡政府于 2009 年推出了中央公积金终身入息计划（CPF LIFE），为会员提供终身养老保障。

- 如果是 1958 年及之后出生的新加坡人或永久居民，并且在年满 65 岁的 6 个月前，退休账户里存有至少 6 万新元，将被自动纳入中央公积金终身入息计划，并在有生之年可以每月领取退休金。
- 如果会员是出生于 1958 年之前的新加坡人或永久居民，可以在 65 岁到 80 岁之间自愿选择是否加入中央公积金终身入息计划；如果选择不加入，则继续在原来的退休存款计划之下领取退休金。

两者的区别是：在退休存款计划之下，退休账户的存款用尽之后，会员将无法继续每月领取退休金，且最长只能领取 20 年退休金；而在中央公积金终身入息计划之下，会员可以每月领取退休金直至终老。

中央公积金终身入息计划有三种方案可以选择，分别是基本退休账户、全额退休账户和增强退休账户。如果会员直到70岁并未主动选择任何一种方案，那么中央公积金局将按照基本退休账户启动。

会员每月领取退休金的多少，取决于退休账户里存入的存款金额。按照退休账户存款金额的不同，可以分为几个等级：

- 基本退休账户：如果会员在55岁之前，在账户存够8.8万新元，就可以在65岁之后每月领取730—790新元。如果会员拥有房产，并且可以住到95岁，则可以选择此档。
- 全额退休账户：全额退休账户的存款额是基本账户的2倍。如果会员在55岁之前，在账户存够17.6万新元，就可以在65岁之后每月领取1 350—1 450新元。如果会员没有房产，或者希望获得较高的退休金，则可以选择此档。
- 增强退休账户：增强退休账户的存款额是基本账户的3倍。如果会员55岁之前，在账户存够26.4万新元，就可以在65岁之后每月领取1 960—2 110新元。如果会员想获得更高的退休金，则可以选择此档见表2-12。

加入中央公积金终身入息计划的会员，一旦年满65岁，就可以申请从退休账户中提取不超过20%的存款（包括55岁时可以提取的首个5 000新元）。如果会员有工作或者有其他收入，也可以在达到可领取入息年龄之后申请延期领取，但不能晚于70岁；每推迟一年，入息金额就会增加 7%。具体每月可领取金额见表 2-13 所示。

表 2-12　会员 65 岁以后每月可领取公积金的金额

到 55 岁时退休账户的储蓄金额（新元）	标准计划（新元）
基本退休账户 88 000	730—790
全额退休账户 176 000	1 350—1 450
增强退休账户 264 000	1 960—2 110

资料来源：新加坡中央公积金局

表 2-13　推迟领取后每月可领取退休金

开始领取退休金的年龄（岁）	终身入息计划每月领取退休金（新元）
65	730—790
66	780—830
67	820—880
68	870—940
69	920—990
70	970—1 050

资料来源：新加坡中央公积金局

会员可以使用现金帮助亲人补充公积金账户存款，也可以将自己公积金账户中超过基本退休账户存款的部分转给配偶、父母或者祖父母，帮助其满足中央公积金终身入息计划对资金的要求，从而获得稳定的退休收入。

3. 新加坡公积金的专业管理机构——中央公积金局

新加坡中央公积金局承担管理公积金的主要职责，负责中央公积金的汇集、结算及使用等运营工作。中央公积金的主管部门为新加坡人力部，负责研究制定公积金发展战略和具体政策。理事会为其权力机构，成员包括政府、雇主、职工代表和社保专家。

中央公积金局对公积金的管理享受高度自主权，实行独立核算、自负盈亏，年度预算直接报新加坡总统审批。其收入主要来源于公积金的利差收入及自有产业的租金，政府不负责其员工工资及其他管理费用。这种机制有利于公积金的高效运行。

新加坡中央公积金资金流动情况如图 2-3 所示。

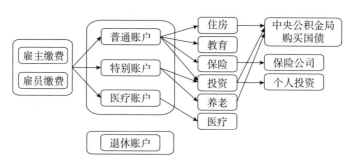

图 2-3　新加坡中央公积金资金流动情况

新加坡中央公积金主要投资于特别政府债券（下称特别国债）。为了避免公积金贬值，新加坡政府专门向中央公积金发行特别国债，中央公积金局所归集的公积金满足会员正常提取之后，剩余的公积金将用于购买政府发行的特别国债。政府将发行债券所得资金纳入财政预算，以预算拨款的方式拨给政府投资公司（Government Investment Company，简称为 GIC）和淡马锡投资控股公司进行投资运营。由于该特别国债筹集的资金主要投向建屋发展局用于建房和为居民提供的住房抵押贷款，因此资金较为安全，受到金融市场波动的影响相对较小,能够保证中央公积金的安全。

四、新加坡中央公积金体系的现状

近年来新加坡人口老龄化的状况日趋严重,促使新加坡中央公积金制度与时俱进,不断发生变革。

2006—2019 年的 14 年间,新加坡人口年龄老化呈现加速趋势。2006 年,65 岁以上的老年人占全部人口的比例为 8.4%;到 2019 年,这一比例迅速上升到 14.4%,上升速度也还在加快(如图 2-4)。

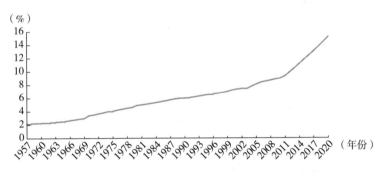

图 2-4 新加坡 65 岁以上人口占比(1957—2020 年)

资料来源:新加坡统计局

随着新加坡人口年龄结构老年化,其居民住房市场已经趋于饱和。近年来,中央公积金账户中的普通账户和医疗账户的占比逐年下降;越来越多的公积金持有人将公积金账户主要作为退休金账户使用,特殊账户、退休账户占比逐年上升。2006 年,普通账户和医疗账户合计占比接近 77%,特殊账户和退休账户合计占比不足 23%。到 2018 年底,普通账户和医疗账户合计占比迅速下降到

60%左右，而特殊账户、退休账户合计占比上升到40%以上（如图2-5和图2-6）。

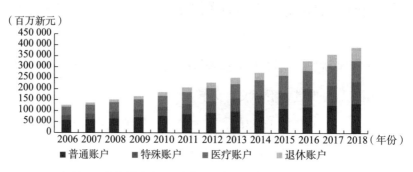

图2-5　新加坡中央公积金各子账户金额（2006—2018年）

资料来源：新加坡中央公积金局

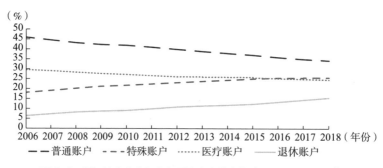

图2-6　新加坡中央公积金各子账户占比变化（2006—2018年）

资料来源：新加坡中央公积金局

五、新加坡中央公积金制度对中国公积金制度改革的启示

通过上述对于新加坡中央公积金制度的详细比较分析可以看出，新加坡中央公积金制度不同于我国的住房公积金制度，但是对

中国住房公积金制度改革还是具有一定的启发意义。

第一，新加坡中央公积金制度与中国住房公积金制度虽然名称十分接近，但是实质内容并不相同。新加坡中央公积金账户实际上相当于中国的社保与住房公积金的综合账户。中央公积金提取灵活，不仅可以用于子女教育等，还可以用于退休人员养老等。

第二，新加坡的房地产市场以政府的政策性住房供给为主。政府提供的组屋解决了80%新加坡人的居住需求，这部分政策性住房构成了房地产市场的基本盘，为新加坡房地产市场的发展定下大局；只有20%的高收入家庭通过商品房满足自身更高的住房需要。由于组屋满足了绝大多数家庭的住房需求，新加坡房地产市场整体房价收入比相对合理，远远低于我国一线城市的房价收入比。

第三，在新加坡，即使在商品房与组屋之间存在较大的价格差异，但是整体上商品房与组屋的价格比并不过高，远远低于中国一线城市的商品房与经济适用房的价格比。

第三章
德国公共住房金融制度研究与启示

德国独特的房地产市场和公共住房金融制度，在全球具有很强的示范意义。尤其是德国的住房储蓄银行体系，不仅为德国实现居民家庭"居者有其屋"的目标发挥了持续的支撑作用，同时在德国实现经济高速增长、保持房价长期稳定的过程中，发挥了极其重要的作用。

这一章将介绍五部分内容：一是德国居民住房体系发展历程，从中可以看到德国居民住房体系是随着经济和社会发展而不断调整和改进的；二是德国现行居民住房体系；三是德国现行住房金融体系的构成；四是德国住房储蓄银行业务流程；五是德国公共住房制度对中国公积金制度改革的启示。

一、德国居民住房体系发展历程

在"二战"后至今的 70 多年时间内,德国住房制度随着德国的经济和社会变迁而不断发展变化。

"二战"后,联邦德国凭借先进的制造业,创造了经济发展的奇迹。1950 年,联邦德国的 GDP 仅相当于 2018 年的 497 亿欧元;而到 2018 年,联邦德国 GDP 已经达到了 3.39 万亿欧元,68 年期间的年均复合增长率高达 6.4%。同时,德国住房市场也创造了长期稳定的奇迹。1970—2011 年的 42 年期间,德国实际房价指数下跌 12.4%,而同期美国、英国、法国和意大利的实际房价累计增幅分别为 5%、145%、123% 和 50%(如图 3-1 和图 3-2)。

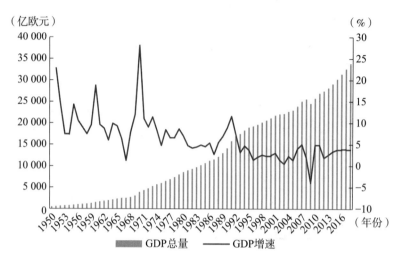

图 3-1　德国 GDP 总量及增速（1950—2018 年）

资料来源：德国联邦统计局

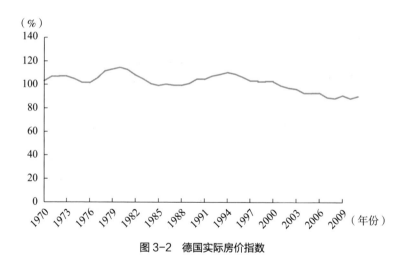

图 3-2　德国实际房价指数

资料来源：德国联邦统计局

　　德国房地产市场的发展基本可以分为以下四个阶段。

1. 第一阶段：战后重建，政府采取计划经济管制方式（1945—1949年）

1945年，联邦德国经过两次世界大战的破坏，国内原有的1 060万套住房中大致有230万套被完全毁坏，还有230万套住房遭到严重破坏，仅有约600万套居民住房可供使用。当时，联邦德国拥有1 460万户家庭和4 500万人口，加之大量难民涌入，住房供给不到需求量的50%，居民住房短缺的问题十分严峻。此外，由于住房严重短缺，租金价格大幅度上升，大量居民家庭无力支付租房费用，联邦德国成为战后欧洲严重房荒的国家之一。

"二战"刚刚结束时，德国处于美国、苏联、英国和法国分区军事占领和管制时期。当时，联邦德国处于同盟国管制之下，同盟国管制委员会采取了类似计划经济的管理模式，直接干预或管制社会生产和国民经济各部门。在住房建设方面，为了尽快解决迫在眉睫的居民居住问题，一方面由政府直接出资，委托房地产企业加快建设大批福利性公共住房，以解决无房居民家庭的居住问题；另一方面针对房租过高的问题，实行严格的住房管制制度，要求各地政府按照不同区位、不同房屋结构和房屋质量，制订相应的租金标准，防止租金无序上涨。经过政府的大规模投入和建设，到1949年，联邦德国居民住房已经增加到926万套。

在住房金融领域，由于联邦政府主要将资金投向制造业，以此推动西德经济快速复苏和发展，因此在支持居民住房建设方面投入的资金十分有限。为了解决"居者有其屋"的问题，联邦德国政府大力鼓励住房储蓄银行发展，并推出许多优惠政策给予支持，例如设立住房储蓄奖励金、雇员储蓄奖金和职工资产积累奖金，并且出台多项税收减免政策，弥补住房储蓄利息的不足，吸引了大量社会资金流向住房储蓄银行。在此阶段，德国住房储蓄银行迎来了良好的发展机遇。

2. 第二阶段：经济飞速发展，政府兴建大量公共住房（1950—1965年）

在这一阶段，联邦德国的经济进入快速发展期。GDP从1950年的497亿欧元大幅增长到1965年的2 348亿欧元，年均增速高达11%（如图3-3）。

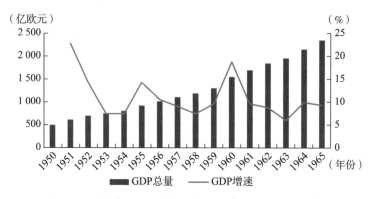

图3-3 联邦德国GDP总量及年增速（1950—1965年）

资料来源：德国联邦统计局

在此期间，也是联邦德国人口增长的高峰期。1950年联邦德国人口为6 837.6万人，到1965年迅速增加到7 559万人，大部分年份同比增长率在0.5%以上（如图3-4）。

第三章 德国公共住房金融制度研究与启示

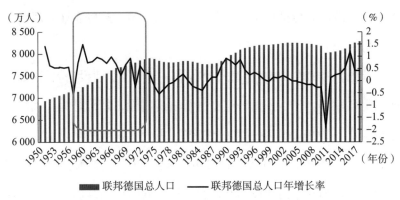

图 3-4　联邦德国总人口及增长率（1950—2017 年）

资料来源：同花顺 iFind 数据库

这一时期也是联邦德国的城镇化率大幅提升的阶段。联邦德国经济的迅速发展吸引大批联邦德国农民进城务工，这进一步加剧了联邦德国城市的住房短缺问题。1950 年，联邦德国城镇化率为 68%，到 1965 年提升至 72%，之后的 30 年间该数值始终没有突破 74%。

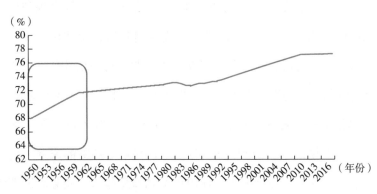

图 3-5　联邦德国城市化率（1950—2016 年）

资料来源：万得（Wind）数据库

在居民住房方面，政府及时根据经济和社会发展，调整相关政策方向。政府先后推出很多金融财税优惠政策，鼓励企业和居民扩大住房供应。

首先，政府在1950年正式颁布第一部《住房建设法》。这部法律规定"联邦、州、乡镇等应当进行住房建设，特别是为广大民众建设大小、设施和房租适宜的住房"，并将"6年内建设180万套社会住房"列为首要任务。1953年，政府进一步扩大社会住房建设规模，计划6年内建设200万套住房。同时，陆续出台了五种支持住房建设的具体手段，包括公共资助、融资担保、税收优惠、土地供应和放宽住房统制经济等。

公共资助建设社会福利住房是政府支持住房建设的主要模式。在这一模式下，参与建设的主体包括私人企业、限制营利性企业和大型厂矿企业。政府不仅在土地审批和地段选择等方面给予了不少优惠政策，甚至不足的建设资金也由政府给予扶持。贷款为低息或无息贷款，期限通常为20—30年。根据规定，社会福利住房建成后以出租为主，一般在30年内交政府管理，由住房局统一分配，租户必须为低收入居民，凭低收入证明才可申请入住，房租仅为市场价的1/3。这一房租水平基本只够覆盖住房的日常运营成本，其他部分由政府补贴。社会福利住房主要为低收入群体解决居住问题。一般情况下，房租支出超过家庭月收入30%的家庭、失业者、多子女家庭、残疾人等群体申请成功概率较大。贷款合同期满后，业主可根据市场价格将房屋自由出租或者出售。1950—1956年，联邦德国累计建成住宅310万套，其中社会福利住房达到了180万套，占比高达60%，是当时联邦德国住房供应快速增加的主要原因。可见这一时期主要是以解决低收入群体的居住问题为目标，为此政府通过一系列的支持政策吸引社会资金以快速增加社会福利住房的供给（见表3-1）。

表3-1 德国公共住房对企业的补贴政策

对象	补贴项目	补贴内容
非营利性建房企业	兴建社会福利住宅	企业自备50%建房资金，政府提供50%无息贷款，贷款期限为25年
大型厂矿企业	兴建职工福利住宅	企业自备25%建房资金，政府提供75%优惠贷款，并减免土地税、所得税

资料来源：第一部《住房建设法》

其次，1956年颁布了第二部《住房建设法》。这部法规明确制定了"在1957—1962年建设180万套社会住房"的任务。与第一部《住房建设法》不同，第二部《住房建设法》支持的主体由企业转为居民，鼓励中低收入家庭或个人购买已承租或新建的公共福利房，同时明确鼓励居民建设自住房屋——"加大力度促进住房建设，让居民拥有私人不动产，确保家庭健康生活"。

法规对居民自己申请公共资金购建房屋的标准作了如下规定：独栋住宅面积不超过120平方米；联排住宅面积不超过160平方米；利用公共资金购买公寓的面积不超过120平方米；其他公寓面积不超过85平方米；同时，将小型定居点式的家庭住房、宿舍、农村住房、合作社住房等也纳入进来。

此外，联邦德国政府为建造和购买自住房的居民提供税收减免和债务补贴等多项优惠政策。联邦德国的住房补贴政策十分全面，不仅中低收入居民可以获得补贴，高收入阶层建造自有住房，同样可以申请政府优惠贷款。公共建设资金和货币补贴资金的最主要来源是政府的财政拨款，其中联邦政府和州政府各自承担50%（见表3-2）。

表3-2 德国公共住房对居民的补贴政策

对象	补贴方式	补贴内容
公共福利房租户	房租补贴	
社会出租房租户	房租补贴	
私人修建自有住宅	低息贷款、税收减免	提供低息或无息贷款，贷款比例高达85%；建房费用在住宅最初使用的12年内折旧50%、申请建房贷款可从应纳税收中扣除、免征10年地产税
私人购房	低息贷款	年利率为1%，贷款期限为35—40年
	住房抵押组合贷款	
	购房补贴	连续支付8年，每年补贴最高2 500欧元/月，有子女的家庭可以获得儿童购房补贴

资料来源：第二部《住房建设法》

政府的一系列支持政策有力推动了居民住房建设。1950—1965年，德国累计新建住房达到800万套，创造了德国住房建设史上的新建住房高峰。1965年，德国存量住房达到1 191.9万套，居民家庭住房的套户比达到0.9，较1949年提高了0.32。尽管这一时期西德的人口出现了快速增长，但是全国居民住房供需状况还是得到了明显改善。

3. 第三阶段：促进租赁市场发展，实现住房供需平衡（1966—1989年）

在这一阶段，联邦德国的经济和社会发展出现了结构性的变化。1966—1967年，联邦德国发生经济危机，GDP增速降至1.3%。政府支出压力大，无法继续加大对公共住房的支持力度。同时，由于社会住房的租金不断上升，与存在租金上限的社会福利住房租金之间的差距不断拉大，中等收入群体虽然收入水平有所提高，但大部分仍然租住在低端的公共福利住房中，存在明确的改善居住状况的需求。

针对这种新变化，当时的德国政府及时对住房政策做出调整：一是将公共资助的方式从无息和低息贷款，调整为年金补助和税收优惠，并提高申请者的收入门槛，让更多的中等收入群体也可以享受到公共资助的福利；二是修改相关的法律法规，增加高质量公共社会性租赁住房的供给，从支持公共福利住房的建设逐渐转变为加大对租房者的支持。

1966年之前，公共资金对公共福利住房的支持主要是无息或低息贷款形式的完全融资，对申请者的最高收入进行了严格的限制。从1966年开始，政府将部分支持转变为以年金补助的形式对自建家庭或者购房者的贷款利息进行补贴。每年补助的金额为贷款总额的4%，贷款期限最长为7年，同时相应提高了申请者的收入门槛。这样不仅可以缓解政府的支出压力，而且可以通过资金支持满足中等收入家庭对改善居住状况的需求。在这种政策的指引下，市场发生了预期的变化。通过无息或低息贷款方式的社会福利住房的建设量从1966年的15.2万套大幅下降至1978年的5.5万套，而同期年金补助形式的社会福利住房建造量则从2.1万套大幅上升至8万套。

这一期间在法律法规建设方面，联邦德国政府先后通过了两部《住房补贴法》和两部《住房解约保护法》。

首先，1965年正式颁布了《住房补贴法》。该法规定通过提供租金补贴和家庭负担补贴，从经济上保障租房者和所有者的最低居住标准。其中，租金补贴金额主要根据租户家庭收入来确定，一般是家庭收入的15%—20%；实际支付租金与可承受租金之间的差额由政府补齐。1970年出台的第二部《住房补贴法》扩大了住房补贴的范围，依据每个家庭人口数、家庭收入水平、房屋租金与家庭负担金额等，详细制定各种情形下的住房补贴金额上限。这些政策不仅有效地提高了住房补贴的可操作性，而且更加公平、更有针对性。

其次，1971年颁布了第一部《住房解约保护法》。该法规定，房东要上调租金，必须满足租金一年未变且目标租金不超过市政当局规定的或其他城市同类型住房的标准租金。1974年颁布了第二部《住房解约保护法》，在租金方面做出了更详细的、更严格的规定，以保护承租人的权益。具体内容包括：出租人由于房屋改造、房屋维护成本上升等要求增加租金，必须拿出充分证据并且征得承租人同意；一旦房屋运营成本下降，出租方应立即相应降低租金。

1989年，联邦德国的住房市场已基本实现供需均衡，共有2 779万户家庭，同期住房存量达到了2 660万套，套户比达到0.96，基本实现了"居者有其屋"的目标（如图3-6）。

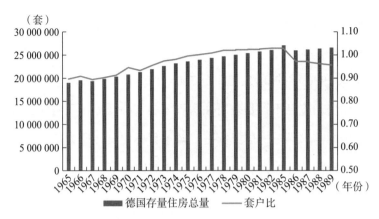

图 3-6　联邦德国存量住房总量及套户比（1965—1989 年）

资料来源：德国联邦统计局

4. 第四阶段：东西德合并，租购建全面补贴（1990—2005 年）

1990 年 10 月，联邦德国与民主德国正式合并。1990—2005 年的十五年期间，德国总人口增长相对缓慢，1990 年总人口大约为 7 911 万人，2005 年总人口为 8 250 万人，十五年间人口年均复合增长率仅为 0.22%，几乎是零增长。

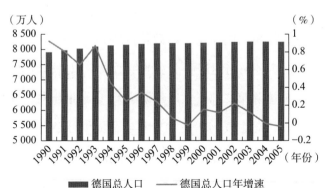

图 3-7　德国总人口及年增速（1990—2005 年）

资料来源：同花顺 iFind 数据库

065

在此期间，德国的居民住房市场在总量上实现了完全的供需平衡。2005年，德国共有3 918万户家庭，居民住房达到3 955万套，套户比从1990年的0.95上升至2005年的1.01。因此，简单地扩大居民住房供应已不再是政府住房政策的核心任务，政府住房目标更多地转向需求端——居民家庭。政策目标主要转向为低收入群体提供租房补贴，并加大对中等收入群体的住房支持。

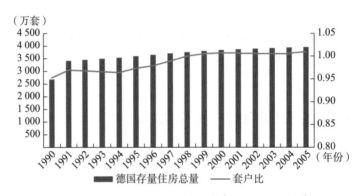

图3-8 德国存量住房总量及套户比（1990—2005年）

资料来源：德国联邦统计局

在住房政策方面，政府两次修订了《住房补贴法》。1990年首次修订，将联邦德国的住房补贴政策推广到整个德国；2000年再次修订，使住房补贴与租房者上涨的生活成本和房租水平相适应。2001年，政府废除第二部《住房建设法》，逐渐退出对公共福利房的直接供给，转向主要为居民购房和建房提供补贴。修订后的新法规定：对于购买新房的家庭，政府每年补贴5 000马克；对于购买旧房的家庭，政府每年补贴2 500马克；补贴的期限是8年；家庭每增加一个孩子，年度补贴增加1 500马克。购房补贴的申请条件为：个人年收入低于 8 万马克，夫妻双方年收入低于 16 万马克；家庭每增加一个孩子，收入上限标准可放宽 3 万马克。

在德国政府的大力推动下，住房补贴支出从 1991 年的 23 亿上升至 2004 年的 52 亿，达到历史最高；户均补贴额从 1991 年的 657 欧元上升至 2004 年的 1 471 欧元。1991—2004 年，全国平均每年有 8.2% 的家庭获得了住房补贴，政府年均补贴金额达 36.5 亿欧元（见表 3-3）。

表 3-3　1991—2004 年德国住房补贴发放情况

年份	接受住房补贴户数（万户）	占全国家庭数量比重（%）	住房补贴总额（亿欧元）	平均每户享受住房补贴（欧元）
1991	354	10	23.3	657
1992	385	10.8	35.2	913
1993	321	8.9	33.2	1 032
1994	274	7.5	29.5	1 077
1995	260	7	29.4	1 132
1996	272	7.3	31.3	1 150
1997	286	7.6	34.3	1 198
1998	295	7.9	36.4	1 233
1999	282	7.5	36.3	1 289
2000	284	7.4	35.4	1 247
2001	282	7.3	40.6	1 438
2002	310	8	45.4	1 465
2003	339	8.7	48.6	1 434
2004	352	9	51.8	1 471

资料来源：德国联邦统计局

5. 第五阶段：市场化阶段（2006年至今）

2005年开始，德国政府根据经济、社会变化和居民住房市场的变化，及时调整政府政策方向，开始向市场化转变。

首先，减少住房补贴。2005年12月，德国政府宣布自2006年起彻底废除《自有住房补贴法》，不再对2006年1月1日以后新建住房家庭和新购住房家庭提供住房补贴。同时，取消给予战争受害者及其他社会救助者的特殊补贴，但仍然保留包括房租补贴和普通家庭住房支出补贴在内的一般性住房补贴。

其次，加速退出社会福利性住房建设市场。将社会福利性住房补贴权限从联邦政府转向各州政府，同时社会福利性住房补贴金额有所减少。随着公共福利住房建设量的不断减少，同时已有的公共福利住房因购房者还清贷款而成为市场化的租赁房，公共福利住房的存量在全国住房市场的占比开始持续下降。到2016年，公共福利住房的存量已经降至不足125万套，仅占全国家庭住房市场比重的3%左右。

2005—2016年，德国每年有大约1.8%的家庭获得住房补贴，政府年均支出住房补贴金额为11.5亿欧元。而1991—2004年，大约8.2%的家庭可以获得住房补贴和政府年均支出36.5亿欧元补贴，无论是补贴家庭的比例，还是住房补贴的金额都大幅减少（见表3-4）。

表 3-4　2005—2016 年德国住房补贴发放情况

年份	接受住房补贴户数（万户）	占全国家庭数量比重（%）	住房补贴总额（亿欧元）	平均每户享受住房补贴（欧元）
2005	81	2.1	12.3	1 523
2006	69	1.7	11.6	1 681
2007	61	1.5	9.2	1 524
2008	64	1.6	7.5	1 174
2009	101	2.5	15.6	1 544
2010	106	2.6	17.8	1 677
2011	90	2.3	15	1 664
2012	78	2	11.8	1 513
2013	66	1.7	9.8	1 482
2014	56	1.4	8.5	1 496
2015	46	1.1	6.8	1 480
2016	63	1.5	11.5	1 816

资料来源：德国联邦统计局

截至 2018 年底，德国共有 4 138 万户家庭，居民住房 4 223 万套，套户比进一步上升到 1.02。由此可见，德国的居民住房市场保持了数十年的稳定（如图 3-9）。

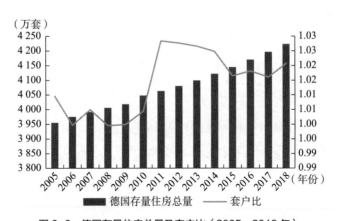

图 3-9　德国存量住房总量及套户比（2005—2018 年）

资料来源：德国联邦统计局

二、德国现行居民住房体系

目前德国总人口约为 8 200 万人，国土面积接近 36 万平方千米，其中农业和森林用地占比为 81%，住宅用地为 1.37 万平方千米，占全部国土面积的比重仅为 3.8%。

1. 德国居民住房的持有者结构

根据德国法律，德国实行土地私有化，居民是主要的土地产权所有者。德国的住房按照性质可以分为家庭自有自住、私营小型机构持有、住房合作社持有、市政及教堂持有四大类。德国住房企业协会数据显示，2018 年德国住房总量为 4 140 万套，其中家庭自有自住为 1 770 万套，占比 43%；私营小型机构为 1 500 万套，占比 36%；专业化机构为 870 万套，占比 21%，其中住房合作社 210 万套，市政及公共住房 250 万套，私人专业机构 390 万套，教堂 20 万套。

家庭自有自住和私营小型机构中居民家庭拥有的住房合计为 2 579.2 万套，在住房存量中占比为 64%；其他机构合计占比约为 36%。在存量住房结构中，居民住房的供应结构以居民为主、机构为辅，居民与机构拥有的比例约为 2∶1。

2010 年，德国存量住房持有者情况见表 3-5 所示。

表3-5 德国存量住房持有者结构（2010年）

分类	存量（万套）	占比（%）	分机构	存量（万套）
家庭自有自住	1 679.2	41.84	居民家庭	1 679.2
私营小型机构持有	1 841.5	45.88	居民家庭	900
			小型物业企业	517.7
			专业服务供应商	423.8
住房合作社持有	215.1	5.36	住房合作社	215.1
市政及教堂持有	273.3	6.81	市政辖属住房公司	245.8
			公共住房公司	11.8
			教堂教会	15.7
存量住房合计	4 013.6	100	合计	4 013.6

资料来源：德国住房企业协会

在各类居民住房持有者中，住房合作社在德国住房体系中是较为特殊的一类机构。住房合作社的主要职能是发放城市住房开发方面的补贴和贷款，属于非营利性组织，是德国政府实施住房补贴建设计划最主要的执行机构。

德国目前拥有2 000多家住房合作社，持有的居民住宅总量达到220万套。每个住房合作社平均持有1 100套居民住房，大型住房合作社持有的住房量超过上万套。在德国所有出租房屋中，大约10%是由住房合作社提供的，在有些城市由住房合作社提供的出租房屋甚至达到住房租赁市场的20%。

住房合作社采取封闭的社员制经营模式。参加合作社的社员需要缴纳入社资金1万欧元。合作社发展初期，持有的房屋主要出租给社员，合作社享受免税待遇。合作社运营的后期，所持有的住房被允许对外出售，但如果租给社员的住房比例低于90%，合作社就失去了免税资格,需要依法纳税。

由于住房合作社的房屋完全以市场取得,合作社要与营利性的商业公司一起平等竞标取得地块,而其资金来源仅限于社员投入,受到较大的局限,使得住房合作社难以规模性快速增长。因此,国家对合作社提供了不少优惠措施,如对合作社筹集的资金提供等量银行低息贷款,允许合作社享受有条件的免税待遇等。

2. 德国居民住房市场的供给结构

德国居民住房的供给结构分为自有住房和租赁住房两大类。

德国居民住房供给以租赁为主,住房租赁市场非常发达。德国联邦统计局数据显示,德国 2011 年住房自有率为 44%,而高达 56% 的人口选择租房居住。柏林、汉堡等大都市的租房比例更是高达 80%,远高于其他欧盟国家 30% 左右的租房比例。

从租赁市场的内部结构看,2011 年德国居民家庭单独拥有及共管公寓占比达到 66%,而私营公司、公共住房公司、住房合作社、非营利性组织等机构持有的住房数量占比为 34%,个人与机构的租赁房屋持有比例大致为 2∶1(如图 3-10)。

调查欧洲平均工资后发现,目前德国居民的年收入中位数是 4.38 万欧元。在一个家庭两个劳动力的情况下,德国的房价收入比仅为 4.8 倍。在较低的房价收入比下,仍有高达 56% 的德国民众选择租房居住,主要原因有以下 6 点。

第三章　德国公共住房金融制度研究与启示

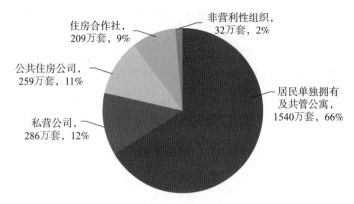

图 3-10　2011 年德国租赁住房结构

资料来源：德国联邦统计局

（1）城乡空间发展均衡

德国的城乡发展相对均衡，既没有超大规模的巨型城市，也没有极度落后的乡村。柏林是德国首都和最大的城市，也是德国的政治、文化、交通及经济中心，但是人口也仅仅为 363.4 万人。德国居民大多分散居住在一些中小城市，因此德国的居民住房市场的房价始终保持稳定，没有大规模的投机性购房现象。

（2）公共服务体系发达

德国户籍制度十分宽松，德国居民在境内的搬迁，只要在迁入两周内，前往迁入地的市民管理处登记注册并报告住址即可。此后租户只需正常依法纳税，就可与产权所有者享受同等医疗、教育、养老等公共资源和服务。因此，居民迁移的自由度比较高。

（3）房屋租赁法规完善

德国的房屋租赁合同默认为无固定期限合同。房东解约仅限于承租方违约、自住需求等特殊情况，承租方不用为未来租约变动带来的不确定性而担心。《租赁法》对租房解约期限也给出明确规定，如果租房合同的任意一方想要终止合同，租约超过5年须提前半年通知对方，租约超过8年须提前9个月，租约达到10年须提前一年。此外，承租人还享受对房屋的优先购买权。以上规定有效保护了居民租房的权益。

（4）租金的法律限制

德国的《租赁法》和《租金水平法》详细地规定了房租上涨的幅度。

- 房东不得随意提高租金，如果过去15个月未上调租金可适度上调，但不得超过同等条件住房的租金标准；
- 租金三年内涨幅不得超过20%；
- 在市政府判定的住房供应紧张区域，涨幅不得超过15%；
- 在租户面临困境的情况下，如果房东的目标租金超过当地租金标准的50%，则可判定房东违法，处以不超过3年的监禁或罚款，情节特别严重的，最高可判处10年监禁；
- 如果房东通过减少租客可利用空间而变相使得租金超过当地标准的20%，可处以最高5万欧元的罚款。

（5）对租赁房屋的家庭给予住房补贴

德国政府根据租户的家庭收入水平和家庭人口，为其提供住房补贴。住房补贴又可以分为一般性住房补贴和特殊住房补贴。其中，一般性住房补贴指房租补贴和普通家庭住房花费补贴；特殊住房补贴指给予战争受害者和其他社会救助者的补贴，特殊住房补贴在 2005 年之后被取消。

（6）居民家庭自有房产的相关税收较高

德国住房的保有环节税率（房产税）比较高。按照统一征税值的 3.5% 再乘以当地税率计算，一个 140 平方米的房子大概每年需要缴纳 900 欧元。此外，房屋出租需要按照租赁所得缴纳 14%—42% 的个人所得税；房屋买卖需要按照成交价缴纳 3.5%—6.5% 的不动产转移税，盈利部分还需要按照买卖差价缴纳 25% 的资本利得税。因此，持有自有住房的成本远远高于租房的成本。

三、德国住房金融体系的构成

德国的金融体系是全能银行制，即以中央银行为核心，以商业银行为主体，专业银行和其他多种金融机构并存。其中，商业银行从事全面的金融服务业务，包括吸收长中短期储蓄存款，建立长期专项基金，发行各种投资证券，提供各种长中短期贷款，从事证券买卖业务和其他金融服务；而专业银行主要从事专项金融服务，包括抵押贷款银行、住房储蓄银行等。

德国的住房金融体系随着经济、社会的发展不断调整，目前基本形成以商业银行按揭贷款为核心、住房储蓄银行制度为辅的多层次金融体系（如图 3-11）。德国《住房储蓄银行法》允许金融机构提供 100% 的抵押贷款，在满足居民购房需要的同时，通过多渠道配贷，有效分散银行的贷款风险，因此借款人通常会在一家以上的金融机构申请不同期限的组合贷款。申请的住房贷款按照期限不同，可以分为长期贷款（20—25年）、中期贷款（5—10年）和短期贷款（5年以下）三类。

按照性质不同，德国的住房金融机构可以分为公共住房金融机构和民间商业住房金融机构两类。

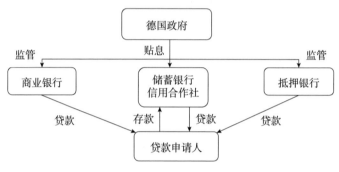

图3-11　德国现行住房金融体系

1. 公共住房金融机构

在德国，公共住房金融机构主要是住房储蓄银行。住房储蓄银行最早成立于1929年，在"二战"后才真正发展壮大起来。

德国的住房储蓄银行分为地方住房储蓄银行和私人住房储蓄银行两大类。其中，地方住房储蓄银行具有地方政府背景，通常只在地方范围内经营；私人住房储蓄银行以有限责任公司的形式存在，为全国性储蓄银行，可开展全国业务甚至跨国业务。目前，德国拥有31家住房储蓄机构，其中地方住房储蓄银行为12家，占比为39%；私人住房储蓄银行为19家，占比为61%。

在经营和监管上，德国金融业虽然是混业经营，但对住房储蓄业务却实行了严格的分业经营。德国的住房储蓄业务具有很强的专业性和排他性。《住房储蓄银行法》明确规定："住房储蓄银行是专门从事向住房储蓄客户吸收存款,并利用住房储蓄客户存款资金向住房储蓄客户发放建、购住房贷款的信贷机构。"也就是说,住房储蓄银行筹集的资金完全封闭运作,只能用于住房储蓄业务。部分资金可以购买国债等低风险证券,但不能用于风险投资,存贷差是唯一的利润来源。此外,其他商业银行不得从事住房储蓄业务。

虽然住房储蓄银行承担着为政府政策目标服务的责任,但本质上仍是独立的金融企业法人。公司制是目前德国住房储蓄银行普遍采取的组织形式。相比历史上曾经采取的会员制,现行的公司制使住房储蓄银行制可以在全社会公开募资,投资者包括个人和各类法人,甚至外资机构,从而有力扩大了资金来源,增强了资本实力。另外,公司制的优势还在于形成了有效的约束机制和激励机制,迫使各级经营者规范自己的信贷行为、谨慎投资,避免了盲目决策,有效提高了资金的使用效率。

在业务发展上,住房储蓄银行采取典型的合同储蓄模式。其主要特点是"互助合作、以存定贷、资金专用、封闭运行"。2008年,德国每10个建房项目中,就有8个以住房储蓄作为融资形式的一部分。目前超过1/3的德国人与住房储蓄银行签有住房储蓄合同,并以此作为购房资金的融资方式之一。

2017年,德国住房储蓄银行贷款存量的98%以上为住房贷款。德国仅对少数拥有核心精算能力和经营能力的特殊机构发放住房储蓄银行牌照。住房储蓄银行的资金运作封闭,利率不受资本市场的干扰，因此可以长期保持稳定的低存低贷的固定利率。

德国住房储蓄银行大多不设立分支机构，主要以与商业银行合作的方式开展业务，同时通过先进的管理系统进行存贷款信息跟踪管理，从而避免大量固定资产投入，降低了运营成本。与住房储蓄银行签订住房储蓄合同的客户，80%以上同时申请商业银行抵押贷款，这种"组合拳"的贷款方式有点类似中国的住房公积金和商业贷款的组合贷款。

德国住房储蓄银行的监督管理职责由联邦信贷监督局承担，联邦信贷监督局向每家住房储蓄银行派遣一名巡视员，负责监督住房储蓄银行业务运行的合规性。此外，住房储蓄银行的业务还受到联邦政府信贷法的约束。

目前，住房储蓄银行在德国住房贷款存量市场上的占比基本维持在10%—15%。1959年，住房储蓄银行在德国住房贷款存量市场上的占比达到峰值15%，之后数量逐渐下降。2018年这一占比大约为10%（如图3-12和图3-13）。

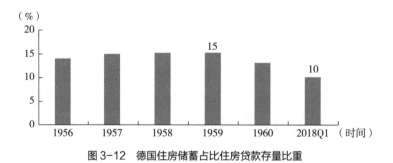

图3-12 德国住房储蓄占比住房贷款存量比重

资料来源：德国私营住房储蓄机构协会

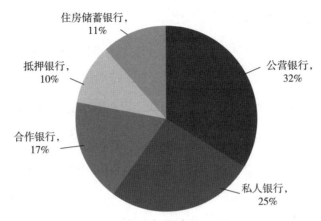

图 3-13　2015 年德国存量住房贷款占比

资料来源：德国私营住房储蓄机构协会

2. 民间商业住房金融机构

在德国，民间的住房金融机构主要是商业银行、抵押贷款银行和住房信贷协会等私人住房金融机构。

（1）商业银行

德国共有 4 500 多家商业银行，其中德意志银行、德累斯顿银行和德国商业银行是德国最大的三家商业银行。由于德国实行全能银行体制，所以这些巨型的商业银行不仅资本雄厚，而且业务范围广泛，不仅经营多种银行业务，也是房地产市场最主要的资金来源。

德国商业性住房贷款的首付通常在 20%—30%，以固定利率为主。贷款机构不提供标准利率，而是在审核贷款时，根据房产价值、贷款者收入稳定性、首付比例和贷款年限等进行综合评估，从而确定相应的利率。

（2）抵押贷款银行

在德国长期住房抵押贷款中，抵押贷款银行所占份额最大。德国现有38家抵押贷款银行，多为商业银行的附属机构。抵押贷款银行筹集资金的方式主要是发行债券，资金运用的方向主要是为房地产开发商和居民提供建房、购房抵押贷款。其中，居民购房抵押贷款期限为20—25年，按照惯例，贷款的前10年采用固定利率，之后会重新商定调整抵押贷款利率。

购房者可以向抵押银行申请不同组合的住房贷款，如20年以上的长期贷款、5—10年的中期贷款，或者5年以下的短期贷款。

（3）住房信贷协会

德国的住房信贷协会是专门经营住房储蓄和住房贷款的住房金融机构，按企业性质可以分为国营和私营两大类。其中，国营住房信贷协会是地区性的金融机构，主要满足本地区的住房融资需求；而私营住房信贷协会则不受地区限制，允许跨区经营。与住房储蓄银行的运作方式类似，德国居民也需要在住房信贷协会先存入30%的资金作为贷款计算的基数，再与住房信贷协会签订住房储蓄合同，存款期满方可取得住房贷款。住房贷款期限通常是6—12年，采用5%左右的固定利率，并享受免税特权。

从居民家庭购房贷款金额结构上看，由商业银行、抵押贷款银行等商业金融机构提供的住房贷款，在普通德国居民购房融资中占比高达80%，发挥主要的融资功能；住房储蓄贷款还是一个必要的融资补充，占比大约为20%。但是住房储蓄银行贷款有效降低了购、建住房混合贷款的利息。

3. 公共住房管理机构

德国公共住房的管理机构是各级政府。联邦政府负责制定全国住房政策并保障资金运营；各州政府负责制定辖区内公共住房发展计划，并负责公共住房的分配和住房补贴的发放。政府通过税收优惠、租房补贴、购房补贴等多种方式，支持公共住房建设。

四、德国住房储蓄银行的业务流程

住房储蓄银行在德国住房融资体系中是最独特的机构。德国的住房储蓄实质上是一套封闭运行的长期政策性储蓄和融资体系。一般情况下，住房储蓄银行的业务遵循"先存后贷"的原则。储户只有先定期缴纳储蓄金，履行相应的储蓄义务并达到一定年限，才有资格申请住房储蓄银行的贷款。

具体来看，住房储蓄银行的业务流程可以分为三个阶段：住房储蓄阶段、购房配贷阶段和贷款管理阶段。

1. 住房储蓄阶段

（1）首先，储户需要与住房储蓄银行签订《住房储蓄合同》，约定双方的权利和责任

在储蓄合同的具体条款上，住房储蓄银行为每位储户提供与其住房需求及储蓄能力相匹配的储蓄方案。通常包括如下关键信息：

① 合同金额

包括存款额(存款+利息+政府奖励)和贷款额两部分。贷款额上限与存款额有关,贷款上限与存款额的比例一般不得超过1∶1。即贷款上限不能超过存款额,同时参加储蓄年限达到两年以上,才有资格申请住房储蓄银行的贷款。

另外,贷款的最高额度还与房价有关。通常贷款上限为房屋总价的80%。综合上述两个约束条件,通常贷款金额上限平均为房价的40%,而普通商业银行和抵押银行的最高贷款额度为房价的50%,因此与住房储蓄银行签订储蓄合同的客户,通常会捆绑式向合作的商业银行申请常规的住房抵押贷款。

② 合同期限

包括存款期限和贷款期限。存款期限因合同总额和月度存款额而定,如标准型合同(AA 型)存款期限为 8 年左右,贷款期限为 10 年左右。住房储蓄银行设有专业的评价系统,根据客户的月收入情况,结合其每月家庭固定开支和政府规定的最低每月生活费,确定客户可以承受的还款额度,测算月还款额,并最终确定贷款期限。

③ 合同利率

住房储蓄银行贷款采取固定利率。在签订合同时就约定好存款利率和贷款利率。无论多长期限的合同,存款利率、贷款利率一旦确定,在存款、贷款期限内均保持不变,不受市场供求关系和通货膨胀等因素的影响;利率水平一般低于同期市场存款利率、贷款利率。一般情况下,德国住房储蓄存款利率为 1.25%—2.5%,贷款利率为 2.75%—5.25%,存款利率、贷款利率差保持在 2.5% 左右。

（2）德国政府对储户的住房储蓄给予特别补贴，奖励政策主要包括三项

① 住房储蓄奖金

对于任何年满 16 周岁的单身（双职工）住房储蓄家庭，如果家庭年收入不超过 17 000 欧元（35 800 欧元），则给予 9% 的配套奖励，每月最多补贴 43 欧元（86 欧元）。住房储蓄存款期满 7 年以上者，储户即使不购买住房也可以得到政府的住房储蓄奖励。当然，如果住房储蓄的存款期不足 7 年就退出，其获得的国家奖励要予以退还。

② 雇员资金积累款

每个职工都可以让他的雇主把雇员资金积累款（每年最多 936 马克，每月 78 马克），直接存入职工的住房储蓄账户中。这是职工工资以外的住房补助，但 7 年后才能使用。

③ 对雇主住房储蓄奖励

国家对雇主每月自愿付给雇员的住房储蓄补助，同样给予 10% 的奖励，即 93.6 马克。能得到这项政府奖励的职工年收入不得超过 27 000 马克，夫妻家庭年收入不得超过 54 000 马克。

政府除了对参加住房储蓄的居民给予奖励，同时对购、建住房者也给予补助。

- 对于年收入不超过 25 600 欧元的单身（双职工不超过 51 200 欧元）住房储蓄家庭，通过住房储蓄进行的建房活动，月存款额不超过 512 欧元（双职工不超过 1 024 欧元）

的部分，政府给予贷款总额8.8%的贷款补贴，每月最多补贴45欧元（双职工为90欧元）。

- 如购买自住新房，购买者在8年内可得政府每年给予的5 000马克的补助，如有孩子，每个孩子每年可以得到1 500马克的补助。

- 如购买自用二手住房，可在8年内得到政府每年给予的2 500马克的补助，如有孩子，每个孩子每年可得3 500马克的补助。

- 如购买建造合作社住房，购买者可在8年内，每年得到2 400马克的政府补助，如有孩子，每个孩子每年可得750马克的补助。

低贷款利率加上政府的特别补贴，使得住房储蓄合同成为德国居民的重要投资工具。2013年的数据显示，37%的德国居民选择住房储蓄合同作为金融投资工具（如图3-14）。

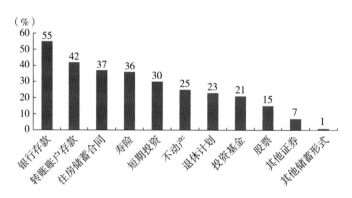

图3-14　2013年德国居民参与金融投资的比例

资料来源：德国私营住房储蓄机构协会

2. 购房配贷阶段

配贷指在住房储蓄存款的存款期（两年）满后，住房储蓄银行按照严格的贷款人资格评定体系，对储户的资信状况、抵押物等情况进行审核，根据储户的住房储蓄存款情况，确定贷款的额度、利率并进行拨付等。

配贷条件一般包括存款额达到合同金额的 50%、达到最低评估值等。评估值是住房储蓄银行评估合同是否达到配贷条件的基准值，有专门的计算公式。一般情况下存款时间越长，金额越大，得到的评估值越高，而分值越高的客户得到配贷的优先级也越高。考虑到住房储蓄借贷合同的金额不同，要确保各储、贷合同都能获得相对公平的评估值，则住房储蓄银行会按照每 1 000 马克的合同获得的利息推算该储户的评估值，以确保所有储户都能获得公平的配贷机会。

住房储蓄银行每月底对达到最低存款额的合同进行一次评估。如果达到最低评估标准，则达到配贷条件。由于提供配贷的资金有限，能否获得配贷，需要根据客户的优先级，依次分配额度，直至当月配贷资金用完为止。评估值高的客户优先配贷。合同达到配贷条件后，银行会书面通知储户。如储户接受配贷，则需提前一个月向银行提出申请；如不接受配贷，也可在一定期限内保留贷款资格，稍后使用。

3. 贷款管理阶段

配贷后，储户可以自主取出自己的住房储蓄存款和贷款，其中对贷款的用途进行了严格限定，只能用于购房及建房支出。

德国住房储蓄银行发放的贷款一般直接划给房屋卖主或者房地产公司。按照贷款期限 10 年和首付 40%—50% 计算贷款偿还的月供款。申请人必须按月还款，通常月还款额为合同金额的 0.5%—0.6%。

大部分贷款采取的担保方式为房产抵押。一旦借款人无力偿还贷款，银行将通过拍卖所抵押的房产偿还剩余贷款。德国大部分家庭的住房贷款是采取住房储蓄贷款和商业性住房贷款混合的方式。其中商业银行贷款人为第一抵押权人，其抵押权是第一顺位；而住房储蓄银行为第二抵押权人，其抵押权为第二顺位。因此，商业银行贷款安全性优于住房储蓄银行。

五、德国公共住房制度对中国公积金制度改革的启示

德国的公共住房制度和住房金融支持体系对于中国未来住房制度改革和住房公积金制度改革具有非常重要的借鉴意义。

1. 德国的居民住房保障体系较为灵活

德国既有公共福利住房，又有房租补贴，不同时期根据德国经济、社会和房地产市场的情况，大力发展的重点不同。在"二战"后和城市化飞速发展的住房短缺阶段，德国政府以直接、大量建设

住房、迅速增加住房供应为主要政策目标；而在住房市场接近和实现均衡之后，政策更多地转向对于需求端居民家庭的支持，以给予租赁家庭的房租补贴为主、公共福利房为辅的方式，重点解决中低收入群体的住房问题。

2. 德国政府一直坚决否定房地产是国民经济"支柱产业"

德国政府将房地产业作为经济发展中的一个重要行业，但是从来不曾有过房地产业是国民经济支柱产业的说法。由于德国实行的是土地私有制，因此德国政府鼓励多渠道、多元化发展居民住房市场，鼓励居民家庭自建房和合作建房。这不仅提高了居民住房供应的效率，更重要的是打破了开发商对房屋供应的垄断，有效地平抑了住房市场的价格波动。目前在德国居民住房市场上，居民家庭自建房的比例高达61%，开发商提供的商品房的市场比例仅为38%。

3. 法制化的、繁荣的住房租赁市场

德国的居民住房市场一直以住房租赁为主，自有住房为辅。在德国居民家庭中，住房自有率仅为41.6%，租赁住房率达58%。住房租赁市场的繁荣主要是由于德国法律对于承租方权益的严格保护，以及户籍社会福利制度与自有住房的脱钩。

4. 采取严厉的法律手段对房价涨幅进行管制

所售住房的价格超过市场合理价的20%以上，出售者将被处以罚款；超过市场合理价格50%以上的，出售者还可能被追究刑

事责任。

5. 住房储蓄银行制度是德国极具特色的公共住房制度

德国的住房储蓄采取"先存后贷、以存定贷、专业经营、定向低息"的模式，这实质上是一套封闭运行的政策性储蓄和融资体系。与我国住房公积金制度相比较，这一体系最大的特点是自愿存储，存贷挂钩，按比例发放贷款，不人为设定贷款绝对上限。这些特点对于目前的中国公积金制度具有极强的借鉴意义。

第四章
美国公共住房金融制度研究与启示

美国住房金融制度经历了近200年的发展，不断调整、演变、完善，逐渐成为目前世界上制度设计最复杂、运用金融工具种类最多的住房金融制度。

在美国住房市场发展的过程中，住房金融制度发挥着至关重要的作用。在2008年爆发大规模"次贷危机"之前，美国政府曾经通过多层次的住房金融体系，帮助许多美国人实现了"居者有其屋"的梦想。美国住房金融制度作为美国住房金融体系的一部分，起步于1917年的资助船坞雇员建房项目，并在短短100多年的历程中，随着金融市场的发展完善而不断成熟，可以说是世界上市场化程度最高的公共住房保障体系。

以下我们从美国住房金融制度的演变历史、现行居民住房体系、现行住房金融体系、住房金融制度的具体运作流程，以及美国住房金融发展对中国公积金制度改革的启示五个方面进行论述。

一、美国住房金融制度的演变历史

美国住房金融制度的发展大致可以分为四个阶段：储贷协会自发扩张阶段；住房金融体系规范化阶段；储贷危机爆发，资产证券化快速发展阶段；金融危机及后危机时代。

1. 第一阶段：储贷协会自发扩张阶段（1831—1930年）

美国最早的住房金融机构是建房合作社，也称储贷协会（Saving and Loan Association，简称为S&L）。美国第一家储贷协会是1831年诞生于费城的牛津节俭建筑协会。

初期成立的储贷协会多为短期的契约组织，采取合伙制，之后逐渐转变为股份制结构的贷款协会，并最终发展成互助储蓄银行（Mutual Saving Bank）。1890—1929年，美国迅速城市化，急剧增加的住房需求对住房金融提出了较高要求。受此推动，这一阶段储贷协会得到快速发展。当时储贷协会所提供的贷款，期限通常比较短，只有3—6年，并且大多数要求借款人支付40%以上的首付款才能获得贷款,因此使用人群相对较少。

1930年之前,美国公共住房金融制度同样处于萌芽阶段。实际上,除个别定向拨款支援项目外,公共住房金融制度的举措并不多。1918年,美国启动了首个公共住房项目——资助船坞雇员建房项目,由国会拨款5 000万美元用于船坞雇员的住房建设,同时拨款2 000万美元用于改善船运后勤条件。同年,国会通过"战时工人住房项目",由国会拨款1亿美元用于军工企业工人住房建设等。两项住房项目共建成1.6万套公共住房,为大约9.5万名军工工人提供了住所。这期间,公共住房在美国并未得到进一步发展。

2. 第二阶段:住房金融体系规范化阶段(1931—1969年)

20世纪30年代,股市大崩盘引发的严重经济危机给美国经济、社会和住房金融体系带来了巨大的破坏。危机期间,美国失业率从危机前的3.2%快速上升至1931年的15.9%,到1933年更是直线上升至24.9%。与此同时,几乎所有的商业银行都遭到挤兑,1 700多家储贷协会因无法收回住房抵押贷款而倒闭,储贷协会的数量减少了近40%,累计资产损失也超过了30%。高度动荡的金融业成为当时影响社会稳定和经济发展的核心问题。

为应对经济大萧条、增加就业并振兴濒临崩溃的美国经济,罗斯福总统上任后,放弃了胡佛总统实行的保守主义经济政策,果断采取了一系列强有力的国家干预措施,这也被称为"罗斯福新政"。新政期间,政府大规模开展基础设施建设,增加基建投资;提高社会福利和失业救济水平;增加国债的发行规模;对金融体系进行全面的改革。

新政期间，政府也对美国的住房金融市场进行了全面的改革，初步确立了美国的现代住房金融体系。具体措施包括：

（1）完善住房抵押贷款担保和保险机制

为了支持特殊群体的购房需求，先后成立了退伍军人管理局、联邦住房贷款银行体系、联邦住宅管理局和联邦住宅贷款保险公司等一系列机构。

1930年，政府成立退伍军人管理局（United States department of Veteran Affairs，简称为VA），为退伍军人及其在世配偶的住房抵押贷款提供担保。该局规定凡在战争期间服兵役90天以上，或在和平时期服一定年限兵役的退伍军人，均有资格获得VA担保的住房抵押贷款。

1932年，政府成立联邦住房贷款银行体系（Federal Home Loan Bank System，简称为FHLBS）。该体系由12家区域银行组成，处于联邦住房金融委员会的严格监管下，主要致力于为中低收入家庭提供低息购房贷款。每家联邦住房贷款银行为中低收入家庭提供的低息贷款总额约为4 500万美元/年。

1934年，政府依据《联邦住宅法》成立联邦住宅管理局（Federal Housing Authority，简称为FHA），由该局代表政府向购房债务支出占家庭收入30%—40%的中低收入家庭提供住房抵押贷款担保。每笔贷款政府收取0.3%的管理费；一旦借款人无力偿还债务，政府将代为承担未清偿债务，向金融中介机构支付本息。联邦住宅管理局担保的贷款多为合格常规抵押贷款，采取固定利率，期限长达 15—30 年，贷款比例可以达到房价的 90% 左右。而无担保的住房抵押贷款平均借款年限只有 10—12 年、首付比率通常为 40% 左右，同时采取有利于贷方的可调整利率。

同年，联邦政府设立联邦住宅贷款保险公司（Federal Saving and Loan Insurance Corporation，简称为 FSLIC），专门为在储蓄贷款协会存款的储户提供保险，功能类似于联邦银行存款保险公司（Federal Deposit Insurance Corporation，简称为 FDIC）。

除以上联邦政府设立的抵押贷款担保机构外，美国的私营抵押保险机构在住房抵押贷款保险市场上也十分活跃。原则上，私营抵押保险公司可以对各类抵押贷款提供保险，但保险比例仅为抵押贷款额的 20%—30%，这就大大降低了银行的抵押贷款风险（见表 4-1）。

表 4-1 传统抵押贷款与政府抵押贷款借贷条件对比

年份	贷款期限（年）			贷款/房产价值（%）		
	无担保传统抵押贷款	FHA 担保贷款	VA 担保贷款	无担保传统抵押贷款	FHA 担保贷款	VA 担保贷款
1950	12.3	20.2	19.7	64.6	76.4	86.4
1955	15.1	22.7	22.4	67.9	82.2	88.4
1956	15.1	22.5	22	67.9	80.3	86.3
1957	15.2	22.5	21.3	67.3	82.5	85.8
1958	15.5	24.2	22.3	68.9	88.1	87.4
1959	16.1	25.1	23.6	71.1	89.7	89
1960	16.5	25.8	23.6	72	90.5	90.7
1961	16.9	26.7	25.4	73.1	91.4	92.5
1962	18.8	27.4	26.6	75.1	92.1	94.9
1963	20.2	27.9	27.3	75.6	92.5	95.8
1964	20.9	28.4	27.7	76.1	92.8	96.2

续表

年份	贷款期限（年）			贷款/房产价值（%）		
	无担保传统抵押贷款	FHA担保贷款	VA担保贷款	无担保传统抵押贷款	FHA担保贷款	VA担保贷款
1965	22.2	28.6	27.8	75.3	92.7	96.2
1966	22.2	28.4	27.8	74.5	93	96.8
1967	23.1	28.5	28	75.2	93	97.6

资料来源：美国历年住房法案

（2）大力发展住房抵押贷款二级市场

1932年，政府根据《住宅所有者贷款法案》成立住房所有者贷款公司，为购买违约的住房抵押贷款提供融资。

1938年，政府成立华盛顿国民抵押贷款协会，后改名为联邦国民抵押贷款协会（Federal National Mortgage Association，简称为FNMA，中文译为房利美），为一级市场放贷者提供贴现渠道以使其能够迅速回笼资金，提高了住房抵押贷款二级市场的流动性。

1968年，美国国会根据《住房与城镇开发法》，将房利美拆分为两部分。一部分保留政府机构的性质，隶属住房和城镇发展部（Department of Housing and Urban Development，简称为HUD），即吉利美（Government National Mortgage Association，简称为GNMA）；另一部分改制为私有股份公司，继续保留房利美的名称，但政府不再持有任何股份。

（3）从法律法规上完善住房抵押信贷机制

1933年，国会制定最早的住房法案，即《临时住房法案》，授权政府使用联邦资金提供低费用住房、清理贫民窟等，旨在解决大萧条时期大量失业人口的住宅问题。

1937年，国会将《临时住房法案》进一步补充为《公共住房法案》，明确规定由政府负责低收入家庭的公共住房建设，由联邦政府资助地方政府建设符合标准的公共住房，居住者只需支付较低房租即可。

1949年，杜鲁门总统签署颁布著名的《国家住房法案》，该法案将城市更新、城市再开发和公共住房计划结合起来，首次强调联邦和地方政府对治理城市衰败负有共同责任。这一法案后来成为历届政府进行公共住房建设的指导性法案，标志着美国公共住房建设计划的重新启动。

表4-2 主要住房法案及其内容（1937—1968年）

年份	法案名称	主要内容
1937	第一部《公共住房法案》	采用"联邦拨款资助——地方具体实施"的公共住房实施方案，旨在解决低收入居民住房问题。包括：成立联邦住房管理署PHA，财政拨款100万美元作为PHA启动资金，并赋予其借贷权5亿美元；地方政府提供筹建公共住房发行债券的利息；PHA为住房买主提供信贷抵押保证等
1949	《国家住房法案》	首次制订城市再开发计划，首期预算资金为5亿美元（1949—1954）；成立城市更新署（URA），接受各城市更新项目申请并统一管理；计划6年内新建81万套低租金公共住房；规定住房建筑开支上限和住户收入上限；规定公共住房租金至少比当地最低私人住房租金低20%
1954	《住房法案》	提出"城市更新"概念，规定联邦财政拨款的10%可用于非住宅建设；放宽联邦住房管理署PHA抵押贷款保险的条件限制；削减联邦公共住房计划，由每年建设13.5万套缩减到5万套

续表

年份	法案名称	主要内容
1961	《住房法案》	增加 20 亿美元拨款用于城市更新与重建，将联邦拨款中的非住房项目份额提高到 30%；为中低收入家庭的房租提供长期低息贷款，由联邦住房管理署建立 5 个新抵押贷款类别，贷款基金从 1959 年的 5 000 万美元扩大到 1.25 亿美元；增加 10 万套低房租的公共住房；为老年人的住房提供低息贷款的直接授权，将老年住房与公共住房的贷款基金从 1959 年的 5 000 万美元扩大到 1.25 亿美元
1965	《住房与城市发展法》	设立联邦住房与城市发展部（HUD），合并了住房与财政局、联邦住房管理署、公共住房管理署等机构，对城市和住房事务进行统一指导；授权联邦政府在以前城市更新项目基础上，追加 29 亿美元拨款，用以建造 24 万套公共住房
1968	《住房与城市发展法》	制订城市更新运动中规模最大的住房建设计划。授权联邦政府在 10 年中新建 2 600 万套住房，其中包括 600 万套低收入家庭住房。授权联邦政府在 1970 财年为城市更新项目提供 14 亿美元经费，并要求将一半以上新建公共住房中留给中低收入家庭使用；鼓励非营利性组织向低收入居民提供住房，政府给予贷款利息补贴，并提供 FHA 担保；补贴住房建设计划，包括购房利息补贴计划（235 条款房）和租房利息补贴计划（236 条款房）

之后，政府先后公布《住房与城市发展法》《金融资产证券化投资信托法》《房地产投资信托法》等一系列法律法规。在会计、税收等方面为居民购房提供优惠政策。这些措施为住房抵押贷款证券化的发展提供了良好的保障，有利地促进了美国住房金融制度的形成。

（4）重点解决中低收入人群及特殊人群的住房困难

初期，美国政府主要采取补贴公共住房建设的措施，对政府直接兴建的公共住宅，以及私有营利或非营利机构建设的低收入住宅提供直接补贴。政府公共住房建设资金主要来自财政拨款或者发行免税的联邦政府债券，联邦住宅管理局将这部分建设资金划拨给地方住宅管理局。由后者负责建设低租金公共住房，并提供给需要最低住房保障的居民。住房产权归地方政府所有，而地方政府收取的租金则用于偿还联邦政府债券本息。同样，参与建设的私营机构需要与政府签订20—30年的长期协议，由政府向私营机构提供贷款利息补贴，鼓励其向低收入居民提供出租住房，而政府向这些私营机构补贴市场正常租金与房客实际支付租金的差额，使承租家庭支付的实际租金不超过其家庭收入的30%。

在各项政策的刺激下，19世纪50年代初美国开始大规模建设低租金公共住房。1952—1953年，低租金公共住房年均建成量超过5.8万套。但是，在1954年《住房法案》颁布之后，政府建设低租金公共住房的政策有所转向，开始削减公共住房建设数量。1955年之后，低租金公共住房年均建设数量开始大幅减少；1956—1957年，每年低租金公共住房建设数量仅为1万套左右。截至1964年，每年建设低租金公共住房的数量基本维持在1.5万—3万套（如图4-1）。

20世纪60年代中后期，美国政府的公共住房政策有所转向，开始大幅减少公共住房的直接建设，通过推出各种类型的补贴政策，吸引社会资本参与公共住房的供应。1965年和1968年联邦政府先后出台房租援助计划和住房建设补贴计划,这两项计划成为美国住房补贴政策的基础,此后的住房补贴政策均是对这两项计划的改进。1969 年,尼克松总统执政期间,先后实施购房利息补贴计划(235 条款)和"租房利息补贴计划"(236 条款),向中低收入居民提供包括租房补贴在内的多种形式的补贴。

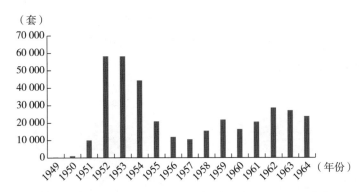

图 4-1 美国低租金公共住房年均建设套数(1949—1964 年)

资料来源:美国住房调查报告

3. 第三阶段:储贷危机爆发,资产证券化快速发展(1970—2000 年)

"二战"后婴儿潮出现,使得 20 世纪 50 年代到 60 年代末成为美国历史上人口增长率最高的时期。在将近二十年间,人口增长率一直维持在 1.5%—2%。同时,这期间也是美国城市化快速发展的时期。城镇化率从 1950 年的 64% 大幅提升至 1970 年的 74%,增加了 10 个百分点(如图 4-2 和图 4-3)。

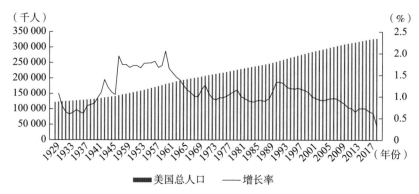

图 4-2　美国人口及增长率（1929—2017 年）

资料来源：同花顺 iFind 数据库

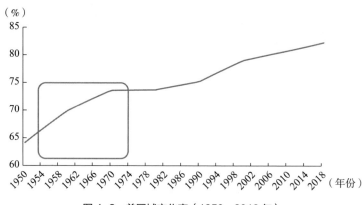

图 4-3　美国城市化率（1950—2018 年）

资料来源：万得（Wind）数据库

经济的稳定增长、人口的快速增加和城镇化率的迅速提升，推动美国经济出现了一段黄金发展期。经济年均增速维持在 5% 左右，物价指数（CPI）则大多数时间在 0—5%，保持稳定（如图 4-4 和图 4-5）。

第四章　美国公共住房金融制度研究与启示

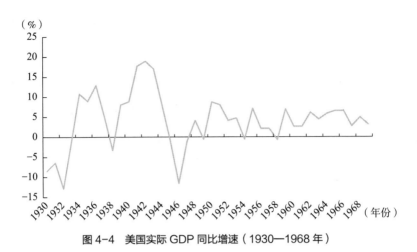

图 4-4　美国实际 GDP 同比增速（1930—1968 年）

资料来源：同花顺 iFind 数据库

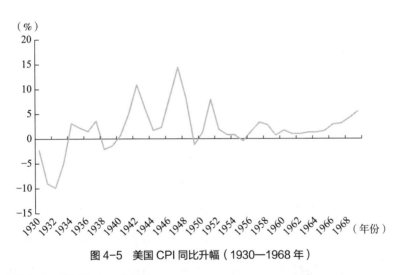

图 4-5　美国 CPI 同比升幅（1930—1968 年）

资料来源：同花顺 iFind 数据库

然而到 20 世纪 70 年代，随着日本、西欧经济的崛起以及美国经济实力的削弱，日元与欧元相对美元被严重低估，同时黄金不断流出美国。1971 年，美国宣布停止美元与黄金的兑换，布雷顿

101

森林体系瓦解，其结果是美元快速贬值，市场利率大幅攀升，通货膨胀达到前所未有的高度。通货膨胀率在1970—1980年数次突破10%，1980年甚至达到13.5%。同期联邦基金利率也一度突破10%，尤其在1980年前后持续突破15%，1981年甚至接近20%（如图4-6和图4-7）。严重的通货膨胀造成巨大破坏，美国经济也因此结束了1959—1969年的黄金十年时期，开始陷入"二战"后最严重的衰退。

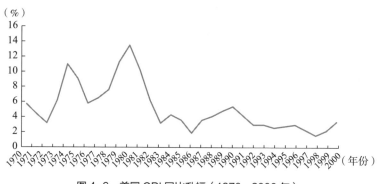

图4-6　美国CPI同比升幅（1970—2000年）

资料来源：同花顺iFind数据库

随着经济形势的恶化，金融体系聚集的风险日益暴露，严重的通货膨胀不断推升市场利率。与此同时，储蓄贷款机构的存款利息受到管制，迫使投资者纷纷将资金撤出储贷协会。金融市场中"资金脱媒"现象愈演愈烈，储贷协会传统的"借短贷长"的融资模式遇到了严重的流动性压力。1980年，储贷协会的存款净流入为负数，全行业出现大规模亏损，美国的住房金融体系遇到严重的挑战。

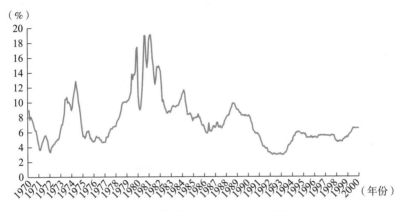

图 4-7　美国联邦基金利率（1970—2000 年）

资料来源：同花顺 iFind 数据库

为了缓解储贷协会的流动性困境，美国国会开始放松对其业务的限制。1980年，政府出台《存款机构放松管制和货币控制法案》，放开 Q 条款对存款金融机构的利率管制。1982 年，美国国会通过《加恩-圣杰曼储蓄机构法》，放宽了对储蓄机构业务的限制。根据该法案，储蓄机构可以购买商业票据和公司债券，发放商业抵押贷款和消费贷款，甚至可以购买垃圾债券。在这一政策的刺激下，不少储贷协会开始参与高风险的投机活动。然而 1985—1986 年，由油价下跌引起的经济衰退导致储贷协会的大量投资无法收回，甚至使一些储贷协会陷入破产，仅 1988 年倒闭的储贷协会就达到 190 家，损失金额达到 467 亿美元（见表 4-3），倒闭的储贷协会的数量及损失金额达到 20 世纪 80 年代之最，储贷危机全面爆发。

表 4-3 1980—1988 年倒闭的储贷协会

年份	倒闭数量（家）	总资产（万美元）	清算成本（万美元）	兼并数量（家）
1980	11	134 890.8	15 819.3	84
1981	34	1 959 080.2	188 770.9	269
1982	73	2 216 118.7	149 958.4	399
1983	51	1 320 282.3	41 842.5	117
1984	26	56 703.6	88 651.8	45
1985	54	2 257 396.2	742 015.3	57
1986	65	1 756 699.5	913 002.2	50
1987	59	1 504 509.6	566 672.9	79
1988	190	9 808 287.9	466 846.6	31

资料来源：联邦存款保险公司

储贷危机迫使美国政府于 1989 年制定并颁布《金融机构改革、复兴和实施法》。根据这一法案成立储蓄机构检察署，同时撤销 1932—1934 年成立的联邦住宅贷款银行委员会和联邦储蓄贷款保险公司，将其统一纳入联邦保险公司体系，成立了储蓄协会保险基金，并成立清算信托公司对倒闭的储贷协会进行清算。据估计，在 1989—1993 年被清算的储贷协会近 1 100 家，损失金额高达 2 050 亿美元。

储贷危机过后，美国的住房金融市场发生了较大的变化。一方面，随着大批储贷协会被清算，储贷协会与商业银行持有的住宅抵押贷款数量出现此消彼长的局面（如图 4-8）。商业银行持有的住宅抵押贷款金额从 1985 年的 2 112 亿美元，大幅增至 2000 年的 9 653 亿美元，增幅超过 350%；而储贷协会等储蓄机构持有的住宅抵押贷款金额则仅从 1985 年的 5 617 亿美元，小幅增至 2000 年的 5 946 亿美元，1993 年还一度跌至 4 700 亿美元，其间最大降幅超过 15%。在住房抵押市场上，商业银行超越储贷协会，成为市场上最主要的贷款提供方。另一方面，由于回购协议和货币市场基金等新的投资工具不断涌现，对银行存款产生了强烈的替代效应，商业银行传统业务贡献的利润不断下降。为了帮助商业银行走出日益严重的经营困境，美国政府开始逐渐放松对银行业的管制，利率市场化进程快速推进。

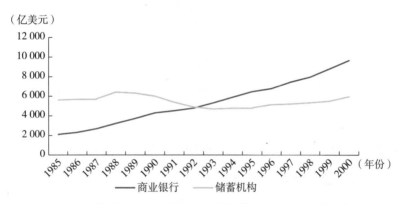

图 4-8　美国住宅金融机构持有住宅抵押贷款（1985—2000 年）
资料来源：美国联邦储备系统

20 世纪 80 年代后期，"巴塞尔协议"建立了以资本充足率为核心的监管方法，增大了对低风险、高等级资产的需求。利用住房抵押贷款证券化的方式，银行可以将原来需要持有到期的长期住房抵押贷款转变为现实的流动资金，并将其移出资产负债表，有效提高银行的资本充足率，因此资产证券化成为各大商业银行发展的新业务。

信贷资产证券化，尤其是住房抵押贷款证券化，成为这一时期银行扩大中间业务的重要手段,因此得到了快速发展。同时,联邦政府还专门成立了新房利美、吉利美和房地美等机构,推动住房抵押贷款证券化,迎合商业银行进行金融创新、谋求利润增长的需求。此外,美国国会先后通过了1987年的《公平竞争银行法》,1989年的《金融机构改革、复兴和实施方案》,以及1999年的《金融服务现代化法》等众多法案,彻底废除了1933年的《美国银行法》(即《格拉斯-斯蒂格尔法》)的基本原则,消除了银行业与证券、保险等投资行业之间的壁垒,从法律上为金融创新、金融投机打开了方便之门。

　　由于一系列金融政策的推动以及信息技术革命的迅速扩展,20世纪90年代中期以后,美国经济再次开始飞速发展。这一时期,美国的GDP平均增长率再度达到5%,房地产市场也出现了再次的繁荣,房价指数从1991年的100.69持续上涨至2007年的223.26,累计增幅超过120%(如图4-9和图4-10)。

图4-9　美国实际GDP平均增长率(1990—2008年)

资料来源:同花顺iFind数据库

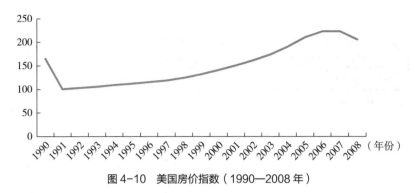

图 4-10 美国房价指数（1990—2008 年）

资料来源：同花顺 iFind 数据库

伴随着房地产市场的持续繁荣，住房抵押贷款机构逐渐放松了对于房地产市场风险的防范。为了获取更高的利润，不断放宽房地产抵押贷款的审核标准，大量个人信用等级不高、无法获得普通贷款的低收入群体，开始通过次级抵押贷款融资购房。截至 2000 年，美国住房抵押贷款余额为 5 721.9 亿美元，而发行的抵押贷款证券高达 3 564.7 亿美元，住房抵押贷款证券化率超过 50%。在美国债券市场上，住房抵押证券已经超过公司债券，成为第一大债券品种（见表 4-4）。

表 4-4 美国债券市场结构及融资额　　　单位：10 亿美元

年份	地方政府债券	联邦政府债券	抵押贷款证券	公司债券	联邦机构债券	货币市场工具	资产证券	合计
1995	1 293.5	3 307.2	2 352.1	1 937.5	844.6	1 177.3	316.3	11 228.5
1996	1 296	3 459.7	2 486.1	2 122.2	925.8	1 393.9	404.4	12 088.1
1997	1 367.5	3 456.8	2 680.2	2 346.3	1 022.6	1 692.8	535.8	13 102
1998	1 464.3	3 355.5	2 955.2	2 666.2	1 296.1	1 978	731.5	14 447.2
1999	1 532.5	3 281	3 334.2	3 022.9	1 616.5	2 338.2	900.8	16 026.1

续表

年份	地方政府债券	联邦政府债券	抵押贷款证券	公司债券	联邦机构债券	货币市场工具	资产证券	合计
2000	1 567.8	2 966.9	3 564.7	3 372	1 851.9	2 661	1 071.8	17 056.1

资料来源：美国债券市场协会

  同时，美国的公共住房政策出现了较大调整。一方面，由于低收入家庭占美国家庭总数的比重接近20%，使得政府每年用于公共住房维修建设和租金补贴的财政支出超过100亿美元，财政负担较重；另一方面，从20世纪70年代开始，住宅短缺已经不再是美国住房市场的主要矛盾，而低收入阶层所付房租占收入的比重过大则上升为主要矛盾。因此从这个阶段开始，美国的公共住房政策开始逐渐由补贴公共住房建设全面过渡为直接补贴住房需求者，同时努力降低公共住房支出占财政支出的比重。

  1970—2000年的三十年间，美国政府出台了大量与公共住房相关的法案，其公共住房政策也先后出现了两个阶段性的转变。

  首先，20世纪70年代中期的租金补贴计划逐渐取代了此前的住房建设补贴计划。1974年颁布的《住房和社区发展法》第8条款规定：存量住房计划（也称租金证明计划）以一揽子拨款基金计划替代此前的第235条款和第236条款，为低收入家庭提供以承租人为基础的补贴和以开放项目为基础的住房补贴。其中，以承租人为基础的补贴是通过地方政府给予承租人的租金补贴；以开放项目为基础的住房补贴是通过开发商给予购房者补贴，以降低住房价格。20世纪80年代，政府对第8条款再次进行修订，将低收入家庭承担的租金占收入的比重逐步提高到30%，并提出社区发展补助计划,将住房建设、都市重建和其他住房资助计划结合在一起,旨在加强社区发展。第 8 条款的提出标志着美国传统的公共住房计划政策的转型,此后公共住房建设逐渐被各种形式的住房补贴计划所取代。可以看到,在政策的引导下,70 年代中期后,"235 条款房"和"236 条款房"的数量明显减少,而"8 条款房"的数量则明显增加(见表 4-5)。

表 4-5 各类补贴住房计划数量 单位:套

年份	235 条款房	236 条款房	8 条款房
1966—1973	454 000	373 000	—
1974—1980	82 000	216 000	1 028 000
1981—1990	54 000	—	1 423 000
总量	590 000	589 000	2 451 000

资料来源:美国住房调查报告

其次,20 世纪 80 年代以后,租金优惠券计划再次取代租金补贴计划,成为低收入家庭住房保障的主要形式。在租金优惠券计划中,低收入群体从地方政府领取住房补贴优惠券。符合住房补助条件的家庭以家庭总收入的 25% 用于房租支付,剩余房租使用政府提供的租金优惠券来补充。该计划与 1974 年实施的租金证明计划(即第 8 条款)的区别在于:在租金证明计划中,房客只能租住不高于政府规定标准、区位范围的住宅;而在租金优惠券计划中,房客既可以自主选择低于政府规定市场租金的住宅,保留未花完的优惠券下次继续使用,也可以选择高于市场租金的住宅,多出部分自行补足。由于租金优惠券计划更具灵活性,在 80 年代之后成为了美国住宅补贴政策的主流。

在联邦政府将公共住房政策从补贴住房建设者转向直接补贴住房需求者之后,美国新建公共住房的数量出现明显下降。1977—1979年,公共住房开工量只占全美住房开工总量的1%;1980年短暂回升后又一路走低,到1986年该比例仅为0.09%(见表4-6)。

表4-6 美国公共住房年度开工量(1977—1987年)

年份	公共住房开工量（万套）	公共住房和私人住房开工总量（万套）	比例（%）
1977	1.46	200.17	0.73
1978	1.8	203.61	0.78
1979	1.48	176	0.84
1980	2.04	131.26	1.55
1981	1.61	110.03	1.46
1982	0.98	107.2	0.91
1983	0.94	171.25	0.55
1984	0.63	175.58	0.36
1985	0.31	174.5	0.18
1986	0.17	180.71	0.09
1987	0.22	162.27	0.14

资料来源：美国住房调查报告

与此对应的是,美国公共住房的存量从20世纪90年代中期开始逐渐减少(如图4-11)。1993年,公共住房保有量达到最高140万套,之后逐渐减少。2008年,公共住房的面积已经降到114万套。在现有公共住房中,公共住房老旧现象非常严重。1985年之后建造的公共住房只占全部公共住房的5%,并且大都用来替代原有的公共住房；38%的公共住房的房龄在15—30年，57%公共住房的房龄超过30年。相当一部分公共住房建筑十分破旧，公共服务设施缺失严重。

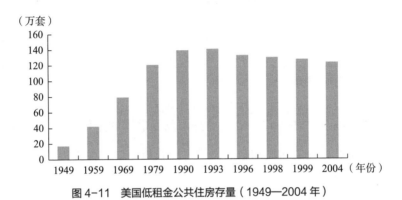

图4-11 美国低租金公共住房存量（1949—2004年）

资料来源：美国住房调查报告

最后，为了保障中低收入家庭的住房权益，美国政府在购买、建造和租售住房方面也提供了一系列税收优惠政策（见表4-7）。

表4-7 美国主要住房法案内容（1974—1998年）

年份	法案名称	主要内容
1974	《住房和社区发展法》	将联邦住房补贴对象由住房供应者转向住房需求者；出台促进社区发展的一揽子拨款资助计划，通过资助补贴，减少政府在住房建设中的投资比重；提出著名的第8条款，为低收入家庭提供房租补贴；对新建住房、大修住房和存量住房提供补助
1986	《税收改革法案》	对低收入住宅投资实行10年联邦所得税优惠；低收入住宅返税计划；中低收入购房税收抵扣计划
1987	《住房与社区发展法》	推出租金优惠券计划，符合资格的低收入住户可以从地方政府领取租金优惠券，享受该补助的家庭必须拿出家庭总收入的25%支付房租，实际租房所需租金超过部分可用租金优惠券补充

续表

年份	法案名称	主要内容
1992	Hope VI 计划	成立国家严重衰败公共住房工作委员会：鉴别哪些公共住房计划已经出现严重问题；评估各类改进公共住房计划的策略；对损坏严重的公共住房进行改造和重建，逐步完善公共住房项目邻里社区的公共服务设施
1998	《品质住房与工作责任法》	展开住房选择优惠券计划，合并租金证明计划和租金优惠券计划

资料来源：各年住房法案

在美国公共住房政策中，受益人范围最广的是税收减免政策，与住房建设相关的居民和企业，均可以获得相应的税收优惠。具体内容包括：

- 利用抵押贷款建造和维修自有住房，或者为改善居住条件等其他原因出售旧房并购买新房的中低收入居民，可按照每月归还贷款数额，扣减一定比例的贷款利息税和财产税，并免征相应的个人所得税；而卖房后不买新房则会被课以40%以上的高额个人所得税。
- 出租房屋给中低收入家庭的居民可以获得税收减免优惠。出租者在缴纳个人所得税时，可以先扣除正常经营开支、经营所得税、地方财产税和住房抵押贷款利息。
- 对建造公共住房的私人地产商，政府提供一对一的免税优惠和贴息贷款，地产商的税收补助来自联邦政府的税务系统。联邦政府每年给各州分配税收抵扣的最高限额，建造公共住房的开发商可在10年内每年接受所得税的直接抵扣。开发商获得返税额度后，可将其卖给包括银行在内的投资机构。投资机构可用买入的税收返还额度降低自己的税收负债,而开发商则以这种方式实现融资,降低项目的债务成本,从而激励其加大对公共住房的投资。获得税收补助的前提是私人开发商提供的公共住房不少于总开发面积的20%,租期不少于15年。同时,美国政府还发放了税金信用证,使得私人开发商和非营利机构可以获得一定额度的所得税减免,以鼓励其兴建供低收入家庭租用的住宅。

4. 第四阶段:金融危机期间及后危机时代(2001年至今)

(1) 2008年金融危机前的发展阶段

2001年,美国互联网经济泡沫的破灭,不仅给美国股票市场带来了一场危机,也结束了持续八年经济黄金增长期。为了防止经济跌入衰退的困境,美联储在2001—2004年连续降息13次,将联邦基金利率在三年时间内从6.5%大幅降到1%,希望以此推动经济再次复苏(如图4-12)。

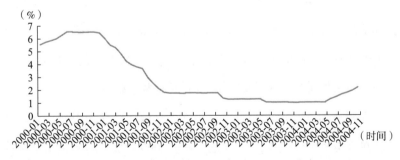

图4-12 美国联邦基金利率(2000—2004年)

资料来源:同花顺iFind数据库

持续的低利率环境不仅推动了美国股市的复苏，也导致投资房地产成本大大降低，再度引起房地产市场的繁荣。房价指数从2001年的150，快速上涨到2007年223，短短六年涨幅超过48%（如图4-13）。

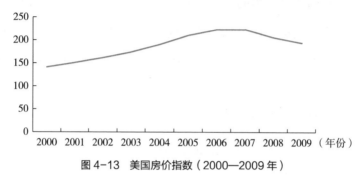

图4-13 美国房价指数（2000—2009年）

资料来源：choice数据库

这一阶段，美国在公共住房和房地产金融方面推出了一系列的支持政策。第一，继续实施住房补贴政策，将原先的租金证明计划变更为住房选择优惠券（Housing Choice Vouchers）计划。1999年颁布的《住房法案》正式提出住房选择优惠券计划，该计划成功整合了此前的租金证明计划（Rent Certificate Program）和租金优惠券计划（Rent Voucher Program）。具体内容包括：住房选择优惠券支付标准调整为参照市场公平房租，定额上下最多浮动20%；家庭承担租金范围调整为家庭收入的30%—40%；打破住房地域限制，允许持有者在全美范围内使用优惠券等。截至2009年底，得到住房选择优惠券的家庭约为220万户，超过其他所有公共住房项目，其补贴户数占美国住房与城市发展部补贴总户数的比例从1993年的30%上升至 2008 年的 42%，成为美国低收入阶层最重要的住房优惠政策。

第二，政府将公共住房补贴政策从中低收入阶级扩展到部分中产阶级。2002 年，美国政府颁布了《美国梦首付款法案》(*American Dream Down payment Act*)。该法案为有购房计划的中高收入家庭提供首付款资助，致力于缩小少数民族族裔与美国白人中产阶级在自有住房比例上的差距。政府每年为该计划提供 2 亿美元，帮助有购房计划的中等收入家庭获得房屋价格六成的首付款，或者直接资助其 1 万美元现金。由于在美国购房首付款一般为总房价的 10%，该法案实际上等同于购房零首付款。2008 年，联邦政府对住房抵押贷款利息的减免及其他针对有房居民的资助和税收减免超过 1 710 亿美元，这些资金主要提供给中产阶级家庭；同期用于公共住房维护的资金却不到 402 亿美元。

第三，在这一时期，次级住房抵押债券发行出现了爆发式增长。大量投资银行和对冲基金纷纷参与次级贷款证券化市场，次级债衍生产品层出不穷。其规模不仅远远超过底层资产——美国住房抵押贷款，甚至已经远远超过美国 GDP 的规模。美国抵押贷款市场统计年报显示（如图 4-14），2001—2006 年美国次级抵押贷款放款额分别为 1 200 亿美元、1 850 亿美元、3 100 亿美元、5 300 亿美元、6 250 亿美元和 6 000 亿美元，占美国抵押贷款总额的比重从 2001 年的 8.6% 大幅上升至 2006 年的 20%。

2005 年开始，美国的通货膨胀有所抬头，美联储迫于通货膨胀压力实施了加息的货币政策。2004—2006 年，美联储先后加息 17 次，联邦基金利率也从 1% 连续升至 5.25%。利率的大幅提升导致抵押贷款借款人的月供还款额急剧增加，一些次级贷款的借款人因无力偿还贷款，只好被动违约，最终刺破了美国的房地产泡沫。在美国房地产次贷危机期间，美国房价出现大幅下跌，房价指数从2007年的223点快速下跌至2011年的180点，4年跌幅接近20%（如图4-15和图4-16）。

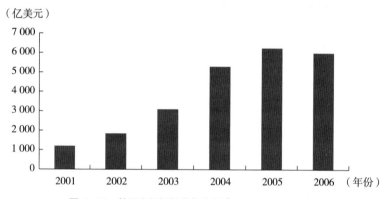

图4-14　美国次级抵押贷款金额（2001—2006年）

资料来源：美国抵押市场统计年报

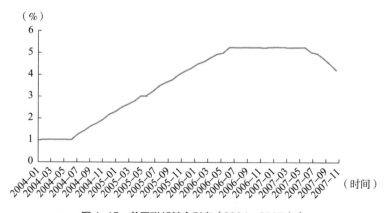

图4-15　美国联邦基金利率（2004—2007年）

资料来源：同花顺iFind数据库

图 4-16　美国房价指数（2010—2019 年）

资料来源：东方财富 Choice 数据库

次级抵押贷款拖欠、违约或者放弃抵押赎回权的情况屡屡发生，违约率飙升导致大量次级抵押贷款机构陷入困境。2007 年 4 月，美国第二大次级抵押贷款公司——新世纪房屋贷款公司申请破产保护。2008 年 9 月，美国第四大投资银行雷曼兄弟申请破产保护。美国金融危机正式爆发。随后，80 多家房屋抵押投资公司陷入破产清盘，以次级抵押贷款为支撑的各类资产证券化产品价格暴跌，次级抵押债券被直接降至垃圾级。

金融危机爆发对美国经济乃至全球经济产生了严重冲击。在对美国造成的直接影响方面，金融危机不仅导致美国房地产市场的市场价值缩水超过 50%，而且仅仅居民家庭财富在 2008 年的减值就达到 13 万亿美元，相当于当年美国 14 万亿美元 GDP 的 93%。经济萎缩导致美国的失业率大幅上升。2009 年 10 月，季调后的美国失业率高达 9.4%（如图 4-17）。

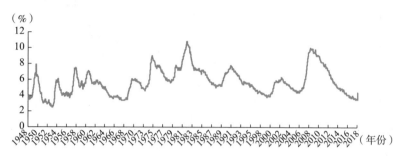

图 4-17 美国历年失业率（1948—2018 年）

资料来源：同花顺 iFind 数据库

（2）金融危机期间，公共住房金融政策的调整

金融危机爆发后，美国政府采取一系列措施，对住房金融系统进行干预，防止危机进一步蔓延损害实体经济。

第一，推出一系列次级房贷解困计划。如考虑到利率上涨，将 2005 年 1 月至 2007 年 7 月发放的、将于 2008 年 1 月至 2010 年 7 月进行利率重置的可调整利率——抵押贷款利率——冻结 5 年，避免贷款者因展期而承担更高额的住房贷款。房贷逾期 90 天以上的房主，如果满足一定条件，可以获得长达 30 天的缓冲期，在此期间房子可暂停拍卖，由政府协调银行帮助房主制定更易负担的还款方案等。

第二，对部分住房金融机构实施国有化。2007 年 9 月，美国财政部宣布将持有高达 12 万亿美元房屋抵押贷款债务的房利美、房地美收归国有。2008 年 7 月，成立了新的监督机构——联邦住房金融局（Federal Housing Finance Agency，FHFA），将房利美、房地美纳入其监管范围。房利美、房地美被接管后，美国财政部向其注资 2 000 亿美元，并允许其通过抵押担保获得政府信用支持，继续在二级市场认购贷款，发放住房按揭贷款证券化产品，以向市场注入流动性。

第三，收购金融机构不良资产。2008年9月，雷曼兄弟宣布申请破产保护。美联储联合美国十大银行通过发行国债，筹集了7 000亿美元平准基金，用于收购金融机构的不良资产。购买价格由资产管理公司在财政部的指令下，以逆向拍卖的方式确定。该7 000亿美元计划被细分为5项子计划，包括抵押支持证券购买计划、批发贷款购买计划、保险计划、股权收购计划、房屋产权保全计划等。

此外，为了避免金融动荡，联邦政府还采取了大幅下调基金利率和再贴现利率，以及公开市场操作的措施，刺激经济增长（如图4-18）。

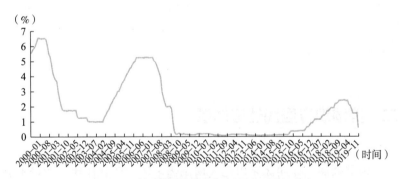

图4-18　美国联邦基金利率（2000—2019年）

资料来源：choice数据库

在一系列举措的作用下，美国的金融市场慢慢得到恢复。但可以看到，虽然金融危机后美国债券市场总量并未出现大幅下降，但

119

其中的资产支持证券比例却下降明显，其中住房抵押贷款证券化产品（MBS）市场萎缩50%，而资产抵押债券（ABS）市场基本停滞（见表4-8）。

表4-8 美国债券市场发行情况（2002—2012年，10亿美元）

年份	市政债券	国债	MBS	公司债	联邦机构债券	ABS	总计
2002	357.5	571.6	2 341.9	636.7	1 041.5	373.9	5 323.1
2003	382.7	745.2	3 179.7	775.8	1 267.5	461.5	6 812.4
2004	359.8	853.3	1 924.9	780.7	881.8	651.5	4 570.2
2005	408.2	746.2	2 244.7	752.8	669.0	753.5	5 574.4
2006	398.5	788.5	2 148.5	1 058.9	747.3	753.9	5 883.6
2007	429.3	752.3	2 231.5	1 127.5	941.8	507	5 989.3
2008	389.5	7 037.3	1 403.6	707.2	984.5	139.5	4 661.6
2009	409.8	2 074.9	2 041.1	901.8	1 117.0	150.9	6 695.6
2010	433.0	2 304.0	1 975.7	1 062.7	1 178.7	107.5	7 061.6
2011	294.7	2 103.1	1 660.2	1 012.1	839.2	126.2	6 035.5
2012	379	2 308.8	2 065.1	1 354.5	677.4	199.8	6 984.3

资料来源：www.sifma.org

二、美国现行居民住房体系

美国的居民住房体系以私人房产为主体，公共住房的数量十分有限。根据美国住房调查报告，2017年美国实际住房存量为12 156万套，其中公共住房的数量为812.7万套，占比仅为0.67%，99%以上的住房均为私人住房。私人住房按照使用性质分为自有住房和租赁住房两种类型。其中，自有住房存量为7 756.7万套，占比约为 63.8%；租赁住房存量约为 4 399.3 万套，占比约为 36.2%（如图 4-19 和图 4-20）。

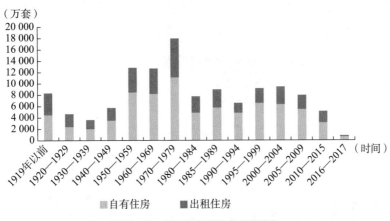

图 4-19　美国各类型住房建造数量

资料来源：2017 年美国住房调查报告

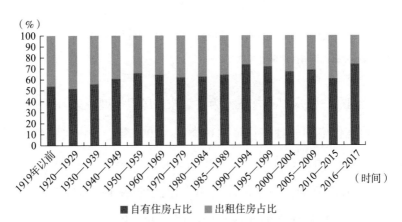

图 4-20　美国各类型住房建造量占比

资料来源：2017 年美国住房调查报告

美国居民住房市场自有率相对较高。1940 年之前，美国大多数城市家庭选择租房居住。"二战"后，在美国政府住房融资体系的推动下，美国自有住房存量比例从 1940 年的 44% 快速提高到 1960 年的 62%（如图 4-21）。同时，自有住房在不同人群中的持有比例存在很大差异，其中白人家庭自有住房比例为 76%，而黑人家庭的自有率仅为 49%，拉美裔家庭的自有率为 48%，并且这种差距还在不断加大。

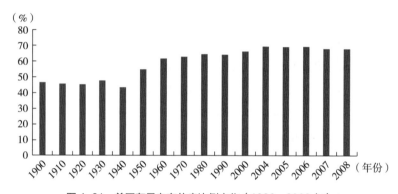

图 4-21　美国存量自有住房比例变化（1990—2008 年）

资料来源：2017 美国住房调查报告

美国居民住房以独栋住宅为主。按照房屋类型，美国居民住房分为独栋住宅和非独栋住宅两种类型。2017 年，美国独栋住宅存量为 8 579.1 万套，在全部住房中占比达到 70.6%；非独栋住宅合计为 4 472.7 万套，在全部住房中占比达到 29.4%。从 20 世纪 80 年代开始，独栋住宅的建设明显加快。1980 年，独栋住宅的占比为 56%；到 1990 年，独栋住宅的占比已经达到 65%。10 年间独栋住宅占比大幅上升 9%。

第四章　美国公共住房金融制度研究与启示

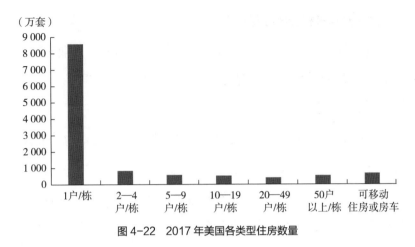

图 4-22　2017 年美国各类型住房数量

资料来源：2017 年美国住房市场调查

三、美国现行住房金融体系

美国现行住房金融体系最突出的特点是市场化程度高，融资工具多元化，不仅存在一个庞大的一级市场，而且二级市场极其活跃。

一级市场又称住房抵押贷款市场，指住房抵押贷款的借款人与贷款发放金融机构之间的借贷市场；二级市场又称住房抵押贷款资产证券化市场，指贷款发放机构集合住房抵押贷款构建新的资产池，并以此为基础资产发行资产证券化产品，再向投资者出售并回笼资金的交易市场。

1. 住房金融一级市场的运行

住房金融一级市场的主要参与机构包括住房抵押贷款经营机构和住房抵押贷款担保机构两类。

123

（1）住房抵押贷款经营机构

主要包括储贷协会、互助储蓄银行、抵押银行、商业银行等。其中储蓄贷款协会和互助储蓄银行合称为"节俭机构"。

① 储贷协会

最初是吸收储蓄存款和发放住宅抵押贷款的金融机构，带有互助性质。1980年，《对存款机构放松管制和货币管理法案》出台后，储贷协会可以吸收支票存款和发放消费者贷款，从事很多商业银行的传统业务。美国的储贷协会分布在全国各地，目前是美国第二大类存款机构。但是除少数大型储贷协会外，绝大多数储贷协会的规模较小。目前储贷协会所发放的住房抵押贷款约占全部住房抵押贷款一级市场的18%。

② 互助储蓄银行

互助储蓄银行采取非股份制形式，类似于储贷协会，也是以吸收储蓄存款和定期存款为主的互助型金融机构。除了发放不动产抵押贷款，互助储蓄银行还可以认购公司债券和股票。

互助储蓄银行主要分布在美国东北部和东部大西洋沿岸的城市中心地区，通常互助储蓄银行的资产规模比储贷协会要大一些。目前互助储蓄银行所发放的住房抵押贷款约占全部住房抵押贷款一级市场的4%。

③ 抵押银行

抵押银行是专业化发放住房抵押贷款的中介机构。抵押银行，大部分为私人金融机构，有一部分是人寿保险公司或者投资公司的子公司，其资金来源主要为公司股本、母公司借款和发行的金融债券，不能吸收存款。其主要的业务模式是接受住房抵押、发放住房抵押贷款和出售抵押贷款。

目前抵押银行所发放的住房抵押贷款约占全部住房抵押贷款一级市场的53%，在各类住房抵押贷款金融机构中排名第一。

④ 商业银行

商业银行是经营综合性金融业务的金融机构。主要功能是吸收存款、发放贷款（包括住房抵押贷款），并对自身的资产组合和风险进行有效管理。

由于美国对商业银行的经营采取地域管理，禁止商业银行跨地区开展业务，所以美国商业银行的数量非常多。美国联邦存款保险公司数据显示，截至2021年3月底，美国现有金融机构总数为4 978家，其中商业银行的数量为4 357家，储蓄机构为621家。同时，资产规模超过2 500亿美元的超大型金融机构为13家，占比为0.2%；资产低于10亿美元的小型金融机构总数为4 014家，占比为80.6%（如图4-23）。

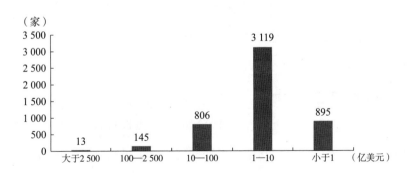

图4-23　2021年美国金融机构资产规模

资料来源：联邦存款保险公司

大多数小型金融机构，由于资金规模小，抗风险能力低，主要从事社区零售金融业务。目前商业银行所发放的住房抵押贷款约占一级市场中全部住房抵押贷款的25%。

（2）住房抵押贷款担保机构

美国住房抵押贷款普遍要求借款人购买抵押贷款保险或者提供担保，尤其是首付两成以下的住房抵押贷款。

美国主要住房抵押贷款担保机构包括美国联邦住宅管理局（FHA）、退伍军人管理局（VA）等政府公营的担保机构以及其他私营担保机构。这些机构并不是住房抵押贷款的直接提供者，而是为住房抵押贷款申请人提供担保，帮助其获得首付比例更低、期限更长的住房抵押贷款。

① 美国联邦住宅管理局

其主要服务对象为中低收入阶层。如果有美国联邦住宅管理局提供的担保，购房者只需支付5%的首付款；而如果没有美国联邦住宅管理局的担保，则需要支付至少20%的首付款。美国联邦住宅管理局一旦向贷款人做出保险承诺，就意味着如果借款人违约，美国联邦住宅管理局就有责任支付全部未清偿的住房抵押贷款。

② 退伍军人管理局

一家专门服务退伍军人及其家属的住房抵押贷款担保机构。所担保的贷款可以是固定利率住房抵押贷款，也可以是可调整利率住房抵押贷款。但是退伍军人管理局只对部分贷款提供保险。保险比例因住房抵押贷款金额不同而有所区别。同样，退伍军人管理局一旦向贷款人做出保险承诺，就意味着如果借款人违约，退伍军人管理局就有责任支付全部未清偿的住房抵押贷款。

③ 私营担保机构

主要满足中高收入阶层因购买高档住房而产生的住房抵押贷款的担保需求。与美国联邦住宅管理局和退伍军人管理局对借款人的收入和身份的特定限制不同，私营机构并没有对申请人的收入上限进行限定，因此高收入购房者同样可以通过私营抵押保险公司获得住房抵押贷款担保。

2. 住房金融二级市场

美国的住房金融二级市场非常活跃，主要的参与者不仅包括住房抵押贷款证券化机构，还涉及很多的住房抵押贷款投资者。

（1）住房抵押贷款证券化机构

美国主要有三大住房抵押贷款证券化机构，分别是房利美、房地美和吉利美。此外，还包括一些私人金融机构，例如商业银行、投资银行等。

① 房利美

全称是联邦国民抵押贷款协会。房利美成立于1938年，最初隶属联邦住房管理局，仅向联邦住宅管理局承保的住房抵押贷款的借款人提供资金。1968年，房利美私有化为股份公司；1970年，在纽约证券交易所上市。2008年金融危机后，房利美又重新被国有化，成为联邦政府控制的国有企业。

房利美涉及的主要业务包括：

- 购买政府担保的住房抵押贷款或其他常规住房抵押贷款；
- 发行 MBS；
- 对其他机构发行的 MBS 提供信贷担保，其中担保费由服务费和担保费两部分组成，服务费一般为 0.44%，担保费为 0.06%，两者合计为 0.5%；
- 直接在二级市场买卖 MBS，其投资所需资金主要通过发行债券获得。由于房利美属于政府支持的国有企业，发行债券的成本较低，其利息支出与持有 MBS 获取的利息收入存在利差，因此房利美从交易中可以赚取利差收益。

房利美对普通抵押贷款的审核标准包括：

- 如果普通贷款的贷款额占住房价值的比值超过 80%，借款人必须为超过部分向私营保险公司投保；
- 借款人每月住房支出不得超过月收入的 28%，每月总负债支出不得超过月收入的 36%；
- 首付款可以来自馈赠资金，但馈赠人必须是家庭成员；
- 贷款额占住房价值的比值超过 80% 的允许使用馈赠资金支付部分首付，但借款人自己至少支付 5% 等。

② 房地美

全称是联邦住宅贷款抵押公司。成立于 1970 年，房地美最初也是美国国会特许的为公共利益服务的私人公司。2010 年被联邦政府接管，成为美国政府的国有企业。其业务范围与房利美基本相同，成立房地美最初也是为了与房利美互相竞争，从而提高政策性房地产金融机构的运营效率。

其业务范围同样包括：

- 购买政府担保的住房抵押贷款或其他常规抵押贷款；
- 发行 MBS；
- 对其他机构发行 MBS 提供信贷担保；
- 直接在二级市场买卖 MBS。

③吉利美

全称是政府国民抵押贷款协会。1968 年美国国会根据《住房与城镇开发法》，将房利美拆分为两部分，一部分保留政府机构的性质，隶属住房和城镇发展部，即吉利美；另一部分改制为私有股份公司，继续保留房利美的名称，但政府不再持有任何股份。

吉利美是美国政府的政策性住房金融机构，主要提供两项政策性服务。

一是收购由美国联邦住宅管理局和退伍军人管理局担保的住房抵押贷款，并将其证券化。美国联邦住宅管理局和退伍军人管理局发放的贷款 95% 以上都是被吉利美收购或者证券化，吉利美发行的 MBS 具有政府信用。

二是为中低收入居民发放政策性住房补贴，可以直接提供补贴或者间接通过地方政府、社区提供。

④ 私人资产证券化机构

房利美和房地美在开展住房抵押贷款资产证券化的时候，限定只对贷款额度在 25 万美元以下的、没有得到联邦住房管理局担保的常规住房抵押贷款进行资产证券化。额度超过 25 万美元的住房抵押贷款，一般由私人资产证券化机构提供。私人资产证券化机构主要包括商业银行、投资银行等。私人资产证券化机构与房利美等机构的主要区别是没有政府信用或者以隐含的政府信用作为担保，必须采取大量的信用增级措施，并由第三方评级机构依据私人资产证券化机构、发行人、抵押品、经济前景和担保等进行信用评级和信用增级。

房利美和房地美（简称"两房"）发行的住房抵押贷款资产证券化产品，由于有政府的信用担保，一般被市场视为与国债类似的无风险债券，也被称为机构类住房抵押贷款证券（Agency MBS）。在通常情况下，相关资产证券化产品评级为 AAA 级；而私人资产证券化机构发行的住房抵押贷款证券不享受政府信用担保，被称为非机构类住房抵押贷款证券（Non-Agency MBS）。其信用等级具有很大的差别。

（2）住房抵押贷款资产证券化产品的主要投资者

住房抵押贷款资产证券化产品的投资者主要是成熟的二级市场机构投资者。具体包括共同基金、商业银行、中央银行、州和地方政府、保险公司和养老基金等机构。其中，持有住房抵押贷款资产证券化产品最多的是共同基金（39%），其次是商业银行（18%），个人投资者仅占全部市场份额的 3% 左右（如图 4-24）。

第四章　美国公共住房金融制度研究与启示

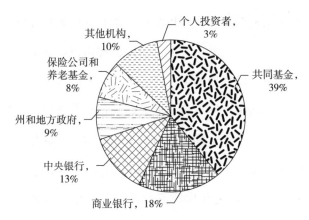

图4-24　二级市场投资者持有住房抵押贷款资产证券化产品的占比

资料来源：联邦存款保险公司

3. 美国住房金融监管机构

美国住房金融监管机构主要包括美国联邦储备系统、联邦住房和城市发展部和联邦住宅管理局等。

（1）美国联邦储备系统

美国联邦储备系统简称"美联储"，由在华盛顿的联邦储备局和分布美国各地区的12个联邦储备银行组成。美联储作为美国中央银行负责制定货币政策，以及对会员银行实施监督。美联储主要的货币政策由联邦储备局委员和联邦储备银行的主席共同参与制定。

（2）联邦住房和城市发展部

联邦住房和城市发展部成立于1965年，是美国负责住房发展的主要政府部门。联邦住房和城市发展部的职责主要是为美国国民建立一个合理的住房体系和合适的居住环境，通过抵押贷款担保方

131

案为中低收入家庭购买住房提供担保，推行社区发展计划为国民提供能够买得起的住房，并由其制定合理的住房供给法案确保所有个人及家庭都能不受歧视地购买住房。

联邦住房和城市发展部负责监督联邦住房管理局，指导其下属机构吉利美的各项工作；同时通过其下属机构——联邦住房企业监督办公室（Office of Federal Housing Enterprise Oversight，简称为OFHEO）实施对房利美和房地美的监管。联邦住房企业监督办公室具体的监管职责包括：

- 对房利美和房地美进行广泛的监督检查；
- 利用"压力测试"开发风险资本标准；
- 在最低资本标准和风险资本标准的基础上进行资本充足性季度调查；
- 防止过度的行政开销；
- 发布关于资本和执行标准的规章制度；
- 进行必要的行政执法；
- 向国会提交房利美和房地美的财务和运营状况年度报告。

（3）联邦住宅管理局

联邦住宅管理局成立于1934年，目前是联邦住房和城市发展部的下属机构。联邦住宅管理局主要承担两项职责：一是向购买政策性住房的中低收入家庭提供住房抵押贷款担保；二是对中低收入家庭提供政策性公共住房租金和利息补贴。

四、美国住房金融体系的具体运作流程

美国住房金融的一级市场和二级市场是一个完整的系统。住房抵押贷款的一级市场为二级市场提供了证券化的基础资产；而活跃的二级市场为一级市场带来了巨额的资金。

1. 美国住房抵押贷款基本运作模式

在住房抵押贷款一级市场上，购房需求者以房屋为抵押品，向商业银行、抵押贷款银行、互助储蓄银行等一级市场住房抵押贷款经营机构提出借款申请，同时购买联邦住宅管理局、退伍军人管理局等政策性住房抵押贷款担保机构提供的保险，或者购买私营保险公司提供的抵押贷款保险，提高贷款的信用评级，继而以相对优惠的利率获取购房所需资金，并按约定履行按期还本付息的义务（如图4-25）。

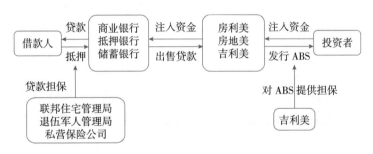

图 4-25 美国住房抵押贷款基本运作模式

2. 美国住房抵押贷款证券化基本流程

在 MBS 的二级市场上，商业银行等初级贷款人将贷款打包出

售给房利美、房地美等二级市场住房金融机构，而"两房"等金融机构通过捆绑打包、组合包装等，形成住房抵押贷款资产池，并以资产池的本金和利息为抵押发行抵押贷款支持证券、担保债务凭证（Collateralized Debt Obligation，简称为CDO）、信用违约互换（Credit Default Swap，简称为CDS）等ABS。通过二级市场将这些资产支持证券出售给保险公司、养老基金、投资公司、银行等收回流动性，进而为住房抵押贷款一级市场注入巨额资金。

住房抵押贷款资产证券化的具体运作流程可以分为以下五个步骤：

（1）构建基础资产池

由基础资产的发起机构确定证券化操作的目标资产，并根据资产现状选择合适的基础资产构建资产池。一般来说，基础资产需要具有以下特征：具有稳定、可预期的现金流；借款人有良好的信用记录；违约风险、到期日结构、收益水平等要素具有同质性；借款人具有广泛的地域和人口统计分布；抵押物质量较高等。

（2）设立特殊目的载体

基础资产池构建完毕后，发起人不是直接将信贷资产以证券形式出售给投资者，而是需要将基础资产池出售给特殊目的载体（Special Purpose Vehicle，简称为SPV），并确保其具有破产风险隔离特征。

SPV是以资产证券化为目的而专门设立的特殊实体，法律上完全独立于基础资产的原始权益人，不受发起人破产的影响。SPV可以是发起人的子公司，也可以由投资银行或第三方设立。SPV的业务范围仅限于发行资产支持证券，以及用发行这些证券所得到的资金购买贷款。

（3）信用增级、信用评级

为了吸引投资者，保证证券的顺利发行并降低融资成本，SPV在取得资产后一般会对其进行信用增级，并聘请中立的信用评级机构对拟发行的抵押贷款证券进行信用评级。

信用增级的方式包括内部信用增级和外部信用增级两种。其中内部信用增级包括超额抵押和资产支持证券分层结构等；外部信用增级则包括第三方担保、信用证和保险等。经过信用增级的证券，一般都会高于发起人的信用级别。

信用评级是中立的信用评级机构对资产组合未来产生现金流的能力进行评估，并客观地向投资者展示抵押贷款证券的信用风险的过程。采取不同交易结构和不同信用增级方式会对评级结构产生很大的影响，因此评级结果具有很大的灵活性。

（4）MBS销售

SPV一般将MBS的销售工作委托给投资银行。其中，以公募方式发行的证券化产品，由于投资者多为对流动性要求较高的个人，一般会在交易所或场外机构挂牌上市；而以私募方式发行的证券化产品，由于投资者多为各类金融机构，对流动性要求较低，可以不必申请上市。

（5）资金池管理

通常由SPV委托发起人或者资产管理机构作为托管人对资金池进行管理，收取并记录资产池产生的现金收入，并按约定到期对投资者还本付息。

美国住房抵押贷款证券化基本流程如图4-26。

图4-26 美国住房抵押贷款证券化基本流程

3. 美国住房抵押贷款支持证券的主要类型

美国的住房抵押贷款支持证券的交易类型众多，基本可以分为传统抵押贷款支持证券和多级抵押贷款证券两大类。

（1）传统抵押贷款支持证券

传统抵押贷款支持证券最早由联邦国民抵押协会于1970年首次推出。其基本结构是把住房抵押贷款中符合一定条件的贷款集中起来，形成一个资金池，经过担保或信用增级以住房抵押贷款资产证券化产品的形式出售给投资者，并获得借款人每月的还款。

通过这种设计，传统住房抵押贷款证券化产品解决了住房抵押贷款的流动性问题，为住房抵押一级市场注入了所需要的资金，并有效降低了银行持有不可转让交易的住房抵押贷款的风险。在1989年之前，传统住房抵押贷款资产证券化产品几乎全部都是传统住房抵押贷款证券化产品。

这种住房抵押贷款资产证券化都在过手结构（Pass through Structure）下进行。在过手结构中，以住房抵押贷款资产证券化产品代表对基础资产的基本权益，扣除费用后的基础资产本金和利息全部由SPV转手支付给投资者，投资者所得资产，按其持有住房抵押贷款资产证券化产品的份额计算。

（2）多级抵押贷款证券

随着住房抵押贷款资产证券化产品的发展，另一种住房抵押贷款资产证券化产品结构——支付结构（Pay through Structure）开始流行起来。在这种结构下发行的住房抵押贷款资产证券化产品也叫多级抵押贷款证券化产品。

多级住房抵押贷款资产证券化产品是利用分层技术将资产池中的住房抵押贷款按照偿付顺序、违约率等特征进行分层重组，形成不同等级的住房抵押贷款资产证券化产品，再分别由信用评级机构评级后，销售给具有不同风险偏好的投资者。

在这种安排下，住房抵押贷款资产证券化产品的持有者不再对基础资产享有直接拥有权，而是根据不同的优先级获得不同的收益和风险。由于这种产品在期限、利率和种类方面相比传统 MBS 具有更大的灵活性，可以满足不同投资者的差别化需求。1989 年之后，多级住房抵押贷款资产证券化产品得到快速发展，其中最有影响的产品是出现在 20 世纪 80 年代的担保债务凭证。

担保债务凭证一般采取支付型结构搭建。基础资产池由高收益公司债（垃圾债券）、结构性金融产品、新兴市场债券、银行贷款等非抵押性贷款或普通债券构成。根据风险/收益等级不同，可以分为优先级、夹层级、次级和权益级。在享受权益的顺序上，优先级享有最高优先权，优先获取一个稳定的、低收益的现金流；之后顺次是夹层级、次级，最后是权益级。而一旦发生违约风险，承担损失的顺序是最先由权益级投资者承受，其次是次级、夹层级投资者，最后才是优先级（如图 4-27）。

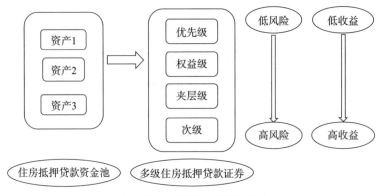

图 4-27　多级抵押贷款证券构造

五、美国住房金融发展对中国公积金制度改革的启示

美国的土地制度与中国有着本质的区别，因此美国的住房制度和住房金融体系也与中国存在很大的不同。美国的土地以私有化为主体，私人土地占全国土地总面积的 58%，这就使得美国政府直接参与推动公共住房发展的空间十分有限。因此，美国政府推动居民住房发展的方式以市场化为主流，政府对于低收入群体等特殊人群的住房支持政策主要通过住房金融制度体现。

1. 住房金融制度对于解决美国居民家庭的"居者有其屋"问题发挥了至关重要的作用

在美国历史上几项主要的公共住房计划，如初期的政府兴建公共住房计划、20 世纪 70 年代的租金补贴计划、80 年代的租金优惠券计划等，都是由美国政府主导并提供主要的建设资金。此外，美国政府还通过颁布不同时期的住房法律，引导公共住房金融制度的发展。可以说美国的公共住房金融体系是由美国政府一手组建的。

2. 美国活跃的房地产金融市场有利有弊

美国发达的金融体系提供了丰富的住房金融工具。从早期的联邦贷款、购房补贴、房租补贴、税收补贴，扩展到房利美和房地美等住房抵押贷款机构发行衍生产品（MBS、债务抵押债券等），这些房地产市场上的创新金融工具为美国住房金融市场提供了巨额的资金。但是，过度膨胀的房贷及其衍生产品也蕴含着巨大的金融风险，2008年金融危机就源自房地产抵押贷款的次贷市场和次级债市场。

由于中美两国在土地制度、城市发展模式和房地产市场发展阶段方面都存在巨大差异，中国在学习借鉴美国住房金融市场的过程中要结合中国的实际情况有针对性地研究借鉴。

第五章
日本公共住房金融制度比较研究与启示

由于地缘、历史和文化的因素，中国和日本在诸多方面存在着关联性和相似性。中日两国不仅在经济发展上表现出很强的一致性，房地产市场的发展也有很多相近的现象和趋势。因此，深入研究日本房地产市场的发展，尤其是研究日本公共住房金融制度的演变，对于中国房地产市场的健康发展和住房公积金制度改革具有很强的现实意义。

　　本章主要包括五部分内容：一是结合日本房地产市场的发展历程，分析日本房地产市场发展的内在逻辑；二是简要介绍日本现行居民住房供给体系；三是重点介绍日本现行公共住房金融体系；四是介绍日本公共住房金融业务运作模式；五是结合中国实际分析日本住房金融发展对中国公积金制度改革的启示。

一、日本房地产市场的发展历程

"二战"结束至今的 70 多年时间里,随着日本经济的发展、城镇化进程、人口老龄化等社会经济变迁,日本房地产市场先后经历了四个发展阶段。

1. 第一阶段:战后重建,政府主导型以公营住宅为主的时期(1945—1964 年)

"二战"后,由于战争的严重破坏,日本不仅经济陷入了全面崩溃的困境,而且城市建筑也被严重毁坏。在战后经济发展初期,日本政府完全无力进行大规模的经济发展和建设,只能以战后生活恢复为主要目标。当时,由于残酷的战争造成日本城市建筑物的严重毁坏,日本城市面临严重的住房短缺问题。根据日本统计局的数据,1948 年日本房屋存量仅为 1 390.7 万套(如图 5-1),而当时日本全国人口为 8 000 万人左右。按照一间房屋供一家三口居住计算,无房可住的居民竟然达到了 3 800 万人,居民家庭住房的缺口高达 1 200 万套。

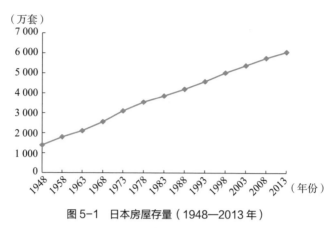

图 5-1　日本房屋存量（1948—2013 年）

资料来源：日本统计局

日本政府的当务之急是尽快解决使"居者有其屋"这一基本生存问题。为此，日本政府从法制上、财政上和金融支持上大力发展公共住房建设。

第一，日本政府在立法上先后出台多部支持公共住房建设的法规。从 1948 年起先后制定了《住房金融公库法》《公营住宅法》《日本住宅公团法》等支持公共住房发展的法律法规，明确中央政府和地方政府在公共住房建设与供应方面的责任。

第二，财政上增加居民住房建设投资。先后实施公营住宅建设三年计划，政府直接投资兴建公共住房，向城市中低收入家庭提供低标准、低租金出租房和廉价出售房。1952 年，日本政府开始实施公营住宅建设三年计划，由国家财政拨款补贴地方行政主体（包括都道府县及市町村），建造大批标准化居民住宅，并以较低租金出租给本地区中低收入居民家庭，以满足当时日本民众迫切的住房需求。1955 年，日本政府成立住宅整备公团，采用政府直接投资兴建公共住房的模式，向城市中低收入家庭提供低标准、低租金的租赁房屋和廉价出售房。

在日本政府的大力推动下，日本居民住房数量迅速增加。以十年为单位，第一个十年（1948—1958年）期间，居民住房年均增量为40.27万套；第二个十年(1959—1968年)期间，居民住房年均增量达到76.57万套；第三个十年（1969—1973年）期间，日本居民住房年均增量更是高达109.35万套。在1948—1968年的二十年间，日本居民住房累计增量高达1 168万套。到1968年，居民住房存量已经基本上可以满足日本居民家庭的住房需要（如图5-2）。

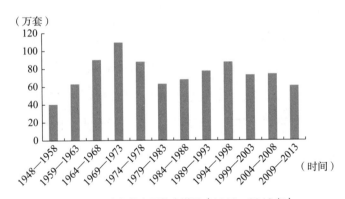

图5-2　日本年均存量住房增量（1948—2013年）

资料来源：日本统计局

第三，日本政府积极为公共住房建设提供金融支持。1950年依据《住宅金融公库法》，日本专门成立了住宅金融公库（GHLC）。住宅金融公库的资金全部由政府负责，主要职能是为中低收入居民家庭和相关住宅地产开发商提供低息贷款。尽管当时日本民间金融机构很多（包括都市银行、地方银行、长期信用银行等），但是由于当时日本经济正处在快速恢复和发展时期，各个方面都急需资金支持，因此这些金融机构的资金大部分都投向了大型重化工业和制造业，地产商和居民家庭难以从民间金融机构取得信贷资金支持。住宅金融公库的成立为日本住房市场的发展提供了最重要的资金支持。住宅金融公库采取固定贷款利率，并且普遍低于民间商业机构贷款利率水平；发放的贷款周期最长可达35年。因此，1965年以前日本住房金融体系基本以政府机构（主要是住宅金融公库）为主导，民间金融机构参与度相对比较低。

第四，随着经济的发展，日本的城镇化也在快速推进。大批农村闲置劳动力离开农村，进入城市工作和生活。工业化和城市化共同推动日本房地产市场进入了高速成长期，主要表现为对城市住宅需求量的持续增长，并进一步推动日本城市化率出现大幅提升。1945年日本的城市化率为27.8%，到1965年已经迅速上升至67.89%，在短短二十年内大幅增加了40个百分点。1920—2012年，日本城市化情况如图5-3。

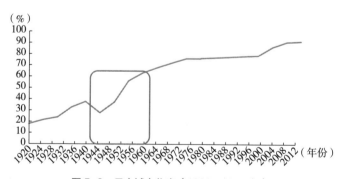

图5-3 日本城市化率（1920—2012年）

资料来源：万得（Wind）数据库

第五，这一阶段日本商业地产和工业地产快速发展，但是居民住宅市场相对发展迟缓。1955年，日本政府加入关税与贸易总协定，同时公布经济自力更生五年计划，确定了优先发展重化工业和以出口为主的产业政策。受到政策支持的日本工商业得到迅速发展，推动商业、工业用地价格涨幅明显高于同期住宅用地价格。1955—1965年，日本工业、住宅、商业用地价格指数走势如图5-4所示。

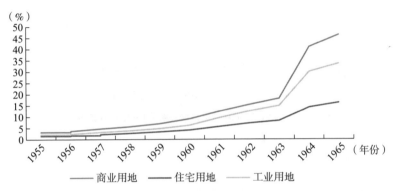

图 5-4　日本工业、住宅、商业用地价格指数历史走势（1955—1965年）

资料来源：万得（Wind）数据库

2. 第二阶段：经济腾飞，城市房地产市场快速发展时期（1965—1980年）

1965—1980年这一时期是日本经济在工业化的推动下快速发展的时期。1967年，日本经济总量首次超过当时的联邦德国，成为世界第二大经济体。无论是国家整体经济实力，还是人均收入水平，日本都已经进入全球发达国家行列。1980年，日本名义GDP总量达到242万亿日元（如图5-5），人均国民收入从1965年的

890美元大幅提升到1980年的10 800美元（如图5-6），居民生活水平的提高为日本房地产市场发展创造了良好的条件。

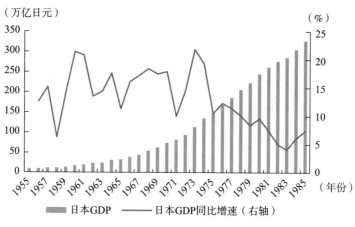

图5-5 日本名义GDP总值及增长率（1955—1985年）

资料来源：万得（Wind）数据库

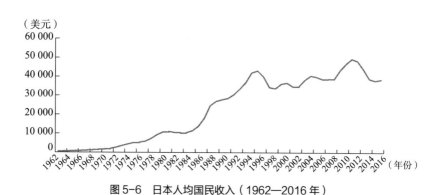

图5-6 日本人均国民收入（1962—2016年）

资料来源：世界银行

这一时期，日本的人口数量急剧增加，战后涌现的婴儿潮大批进入婚育年龄，对居民住房产生了巨大的需求。1965年日本人口数量为9 920.9万人，1980年就已经增长到1.17亿人，在十五年的时间里人口增长了17%（如图5-7）。与此同时，从人口的年龄结构来看，1965年后出生的第一波婴儿已经成年，而30—44岁年龄段的中年人随着经济的快速发展，家庭收入情况有了很大的提高，产生了改善型住房需求。1940—2015年，日本18—44岁人口数量如图5-8所示。

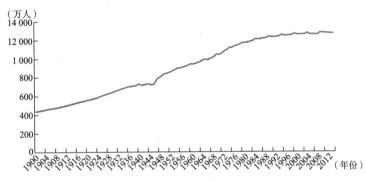

图5-7 日本全国总人口（1900—2012年）

资料来源：万得（Wind）数据库

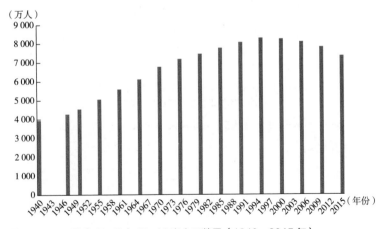

图5-8 日本18~44岁人口数量（1940—2015年）

资料来源：万得（Wind）数据库

在城市发展空间布局上，日本的特征是人口高度集中于几个繁华的都市区。例如仅占日本国土面积 14% 的东京—大阪—名古屋三大都市圈的人口集中度明显高于其他地区。1965—1980 年，全日本人口从 9 920.9 万人增加到 1.17 亿人，净增加 1 179.9 万人。但是，仅三大都市圈的人口就从 5 011.8 万人增加到 6 398.7 万人，净增加 1 386.9 万人，已经超过同期全国人口增量 17%。这说明有大量人口从这三大都市圈之外迁入，而其他地区的人口总数甚至是减少的。1965—1980 年，三大都市圈人口占全国人口的比重从 50.5% 提高到 54.7%（如图 5-9）。

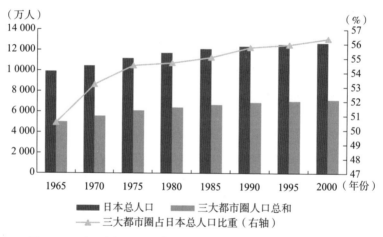

图 5-9　日本三大都市圈人口和日本总人口的变化（1965—2000 年）

资料来源：日本统计局

虽然经过了 1955—1970 年的高速工业化时期，日本城市化进程进入一个相对缓慢的上升过程（如图 5-10），但是经济的快速发展，尤其是人口向都市圈的聚集，成为日本居民住宅价格上涨的最大推力。如图 5-11 所示，这段时间日本居民住宅用地价格的涨幅为 460%，明显大于同期工业用地 238% 的涨幅。

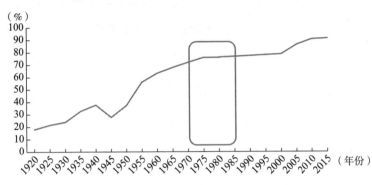

图 5-10　日本城市化率（1920—2015 年）

资料来源：万得（Wind）数据库

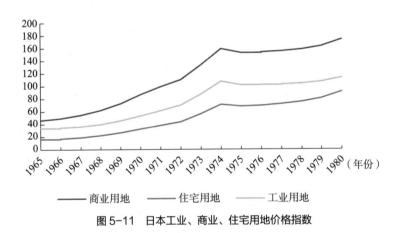

图 5-11　日本工业、商业、住宅用地价格指数

资料来源：万得（Wind）数据库

顺应房地产市场快速发展的趋势，日本政府也采取了一系列政策措施保证房地产市场的稳定。

首先，日本政府制定了《公团住房租赁》《住宅都市整备公团法》《住宅取得促进税制》等一系列法律法规，继续推动公共住房建设。在公共住房建设方面，日本政府有明确的发展计划，无论是发展的目标，还是计划实施的时间进度安排，都有非常明确的、定量的指标。1966年，日本正式颁布《住宅建设计划法》，之后每五年制订一项计划来建设发展日本的公共住房。每个五年计划都详细规定了住房发展目标、资金配置计划、房价目标和住房用地供应等（见表5-1）。住宅建设五年计划成为日本政府发展公共住房发展的纲领性计划。

表5-1　日本住宅建设五年计划概要

五年计划	年份	主要目标
第一个五年计划	1965—1971	建设670万套住房，实现一个家庭一套住宅
第二个五年计划	1971—1976	建设950万套住房，实现一人一间房
第三个五年计划	1976—1981	建设860万套住房，以提高住宅质量为目标，设定最低和平均居住水平标准两个目标
第四个五年计划	1981—1986	建设770万套住房
第五个五年计划	1986—1991	建设670万套住房，实现平均居住水平目标，制定导向性居住水平标准
第六个五年计划	1991—1996	建设730万套住房，实现家庭平均居住面积达到95平方米
第七个五年计划	1996—2001	建设730万套住房，确认半数家庭达到政策引导的居住水平，家庭平均居住面积达到100平方米
第八个五年计划	2001—2005	建设640万套住房，重视住宅品质、市场流通和老年人居住需求，决定5年内废止住宅金融公库

资料来源：日本统计局

日本政府的积极推动和明确的建设计划取得了明显的效果。到1968年，日本住房供给的总套数与居民家庭住户总数基本持平，实现了第一个五年计划中提出的"一个家庭一套住宅"的预定目标，成为日本房地产发展史上的一个里程碑（图 5-12）。到 1975 年，第二个五年计划末期，实现了"一人一间房"的目标，人均居住面积接近 15 平方米。日本房地产市场从增量为主的时代开始步入存量为主的时代。

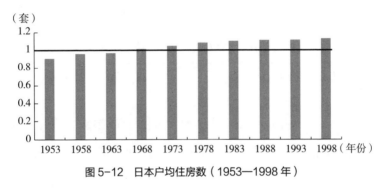

图 5-12　日本户均住房数（1953—1998 年）

资料来源：日本统计局

其次，政府逐渐减少对房地产市场的支持，房地产市场的发展逐渐从以政府为主导，转向政府和民间金融机构并行。由于此前日本政府修建了大量的保障性公共住房，稳住了日本房地产市场的基本盘。随着经济的发展，日本房地产市场逐渐从供给短缺走向供需基本平衡。在这样的背景下，日本政府逐渐从房地产市场撤出，民间金融机构开始进入公共住房市场。1960 年前，都市银行及地方中小银行已经开始采取"先存后贷、以存定贷"的方式办理个人住宅抵押贷款，但是由于个人住宅抵押贷款手续比较复杂，因此个人住宅抵押贷款的整体规模并不大（见表 5-2）。

表 5-2　日本住宅贷款新贷出额年度变化（1965—1973 年）　单位：亿日元

年份	1965	1966	1968	1969	1970	1971	1972	1973
总额	639	1 597	4 221	7 389	10 482	14 385	30 152	38 054
公共机构	639	792	1 281	1 534	2 600	2 916	3 833	5 526
公共机构（住宅金融公库）	639	792	1 281	1 534	1 668	2 230	2 940	4 516
民间机构	—	804	2 940	5 834	7 881	11 469	26 319	32 528
民间机构（全国银行）		556	1 600	2 774	3 819	5 604	13 824	16 695
民间机构贷出比例（%）	—	50.3	69.7	79.2	75.2	79.7	87.3	85.5

资料来源：住宅金融公库

1965 年，千叶银行创新个人住宅抵押贷款模式，简化了个人住宅抵押贷款流程，民间资本加速进入房地产市场。在 1966 年的新增住房贷款中，民间金融机构贷款占比首次超过住宅金融公库所发放的住房抵押贷款，这标志着日本公共住房金融市场开始进入以民间金融机构为主、民间机构和政府机构并存的阶段。进入 20 世纪 70 年代，日本民间金融机构中产生了一类特殊的金融机构——住宅金融专业公司（简称"住专"）。1971 年，三和银行等 9 家银行联合出资设立了第一家以办理个人住宅抵押贷款为主要业务的住宅金融专业公司。到 1979 年，又有 8 家"住专"先后成立，分别是日本住宅金融公司、第一住宅金融公司、日本住房贷款公司、住宅贷款服务公司、住总公司、地方银行生命保险住房贷款公司、综合住房金融公司、共同住宅贷款公司。"住专"的超速发展，推动了日本房地产市场的快速发展，也为 20 世纪 90 年代日本房地产泡沫的破灭埋下了伏笔。

3. 第三阶段：房地产泡沫急剧膨胀，住房金融风险快速累积时期（1981—1990 年）

这一时期，日本经济迅速发展，经济资本化、金融化程度急剧提升；与此同时，股票市场和房地产市场也出现了空前的繁荣，资产泡沫愈演愈烈。

（1）伴随着日本经济进入资本化阶段，日本经济出现了空前的繁荣

进入 20 世纪 80 年代，日本经济完成了快速工业化，进入了资本化阶段。在资本化阶段，日本经济从以服装、纺织等低端、劳动力密集型制造业为主转型升级为以机电、半导体、汽车、家电等资本密集型产业为主体。这期间，不仅产业集中度快速提升，产生了一大批跨国公司，例如丰田、本田、索尼、夏普等；而且产业的资本密集程度也迅速提升。在资本化的推动下，80 年代日本经济迅速赶超欧美等发达国家。1988 年，日本的人均国民收入首次超过美国，而后继续保持快速上升的势头（如图 5-13）。

（2）20 世纪 80 年代后期，日元升值压力急剧释放，迫使日本货币政策趋向宽松

由于日本经济的强劲表现，尤其是在日美贸易中日本持续保持巨额顺差，加大了日美之间的贸易摩擦。迫于欧美国家的压力，日本政府被迫在 1985 年广场协议之后，放开了对于日元汇率的管制。在签订协议的第二天，日元汇率从 1 美元兑 235 日元直接跳升至 1 美元兑 215 日元，而后日元一直处于升值的轨道中。到 1989 年底，

日元已经升值至 1 美元兑 140 日元（如图 5-14）。

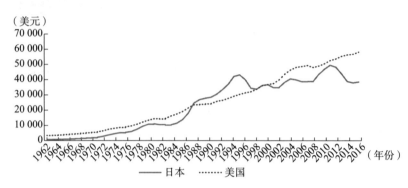

图 5-13　日本和美国历史人均国民收入（1962—2016 年）

资料来源：世界银行

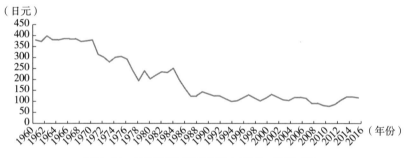

图 5-14　日元兑美元汇率走势（1960—2016 年）

资料来源：http://www.macrohistory.net/data/

日元的大幅升值对于日本企业和宏观经济造成了很大的冲击。为了缓和日元升值带来的冲击，保持日本经济的稳定增长，执政的中曾根内阁决定采取宽松的货币政策。一方面，大幅增加货币投放；另一方面，不断降低市场利率水平。1985—1989 年，日本的货币供给极度宽松，这期间货币供应量 M1、M2 月平均同比增速分别达到 7% 和 10%，一直高于同期经济同比增速（大约为 4.5%）。

同时从1983年开始日本央行连续4次调降再贴现率。1983年10月，再贴现率为5%；到1986年11月，再贴现率已经降到3%。1987年2月日本签署《卢浮宫协议》后，再次下调贴现率至"二战"后最低值2.5%，该利率水平一直维持到1989年5月（如图5-15和图5-16）。

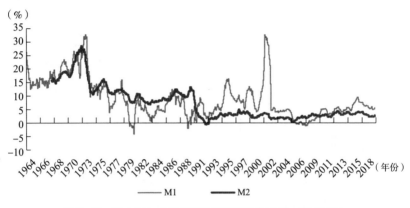

图5-15　日本M1、M2月平均同比增速（1964—2018年）

资料来源：万得（Wind）数据库

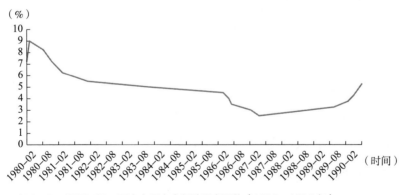

图5-16　历史上日本央行贴现率调整（1980—1990年）

资料来源：万得（Wind）数据库

（3）持续货币超发和低利率环境推动经济增长的同时，造成资产泡沫快速膨胀

这一阶段，日本政府错误地采取了许多措施鼓励企业进行股票投资，例如开放股票和可转债等融资渠道，使得企业在低成本获得融资后，可以将资金投入股市，或者直接存入银行套利。1984年，日本财务省发布政策，允许公司设立专门用于股票买卖的"特金账户"，通过这个账户进行证券交易取得的资本利得收入不计征企业所得税。1985年3月"特金账户"的规模仅仅2 400亿日元，两年后这一账户的规模已经快速增长至9 520亿日元。这一阶段，即使是丰田汽车、松下电器等这些大型制造业公司，公司利润的一半以上都来自投机所得。

在日本国内狂热的投机风潮下，日经指数从1986年的13 000点快速上升到1989年底的38 915点，短短三年时间涨幅接近2倍（如图5-17）。1987年，日本股票的总市值已经超过美国股票的总市值，也超过了当时日本的GDP。1980年日本上市公司总市值与日本当年GDP的比值为34%，到1987年这一比值达到了107.6%，而1989年这一比值更是达到峰值的139%（如图5-18）。

投机的狂热不仅表现在日本股票市场，也表现在日本房地产市场。基于对"日本经济增长神话"的笃信、城市化的快速推进产生的需求和日本高人口密度带来的土地稀缺等，当时的日本民众认为日本的房地产市场不同于欧美国家房地产市场，日本的房地产市场将会是一个只会涨、不会跌的市场。20世纪80年代，日本房地产市场价格开始进入急剧上升期。1980年初日本的商业用地价格指数为 212.3 点，到了 1990 年这一指数已经上涨到 355.06 点，在 10 年的时间内上涨了 67%；其中 6 个主要城市的商业用地价格涨幅更为明显，从 1980 年的 110 点快速上涨到 1990 年的 660 点，累计涨幅高达 500%（如图 5-19）。

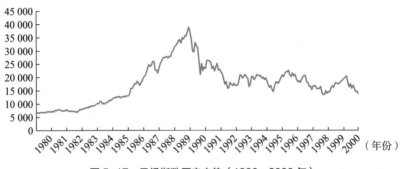

图 5-17　日经指数历史走势（1980—2000 年）

资料来源：choice 数据库

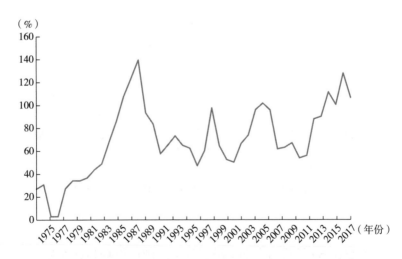

图 5-18　日本上市公司总市值占 GDP 的比重（1975—2017 年）

资料来源：万得（Wind）数据库

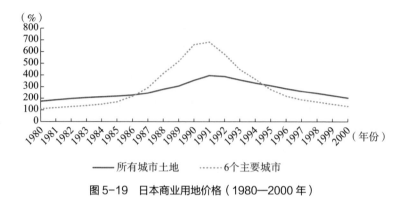

图 5-19　日本商业用地价格（1980—2000 年）

资料来源：万得（Wind）数据库

受经济发展模式、资金来源等因素的影响，不同用途的土地价格涨幅存在很大差别。这一时期，日本商业用地价格上涨幅度最明显，住宅用地和工业用地价格涨幅相对较小，尤其是工业用地涨幅最小（如图 5-20）。

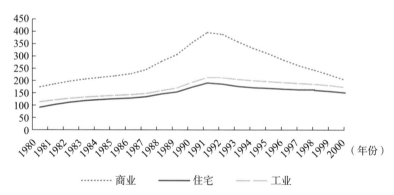

图 5-20　日本商业、住宅和工业用地价格指数（1980—2000 年）

资料来源：万得（Wind）数据库

20 世纪 80 年代后半期，随着日本房地产市场和日本金融市场泡沫的不断膨胀，金融风险也在加大。首先，从日本经济发展的基本面看，进入 80 年代日本人口增速出现下降并且城市化基本停滞。1980 年日本的城镇化率是 76%，到 1990 年日本的城镇化率仅提高了一个百分点，达到 77%。在整个 20 世纪 80 年代，支撑日本房地产市场发展的城镇化因素实际上并不存在，过多的货币供给和低利率环境带来的狂热投机需求才是真正的驱动因素。

日本货币严重超发带来的流动性过剩，使得商业银行开始在制造业之外寻找新的业务增长点。商业银行大规模进入个人住房抵押贷款市场。这就对"住专"的传统优势领域——个人房贷业务——产生了巨大的冲击，"住专"只好被迫转向为高风险、高收益的房地产开发企业融资。1980 年日本七家"住专"向房地产开发企业发放的贷款仅占其全部贷款的 4.4%，而到 1990 年这一比例已经上升到 78.6%。

4. 第四阶段：房地产泡沫破灭，房地产金融体系重建时期（1991 年至今）

为了防止通货膨胀，日本政府开始实施紧缩的货币政策。1989 年起，日本先后进行了四次加息，将央行的再贴现率从 2.75% 快速提高到 6.25%。货币政策的紧急收缩，刺穿了日本的巨大资产泡沫，股票市场和房地产泡沫出现大幅回调。日经指数在两年的时间内就从 1989 年底的最高点 38 915 点下跌到 1991 年底的 15 910 点，累计跌幅高达 60%。

与此同时，日本房地产市场也出现了急剧下跌。日本所有城市的土地价格指数从最高的 252.96 点连续下跌到 88.30 点，跌幅接近75%，基本回到1974年的水平。六个主要城市的土地价格指数跌幅更大，从最高的403.54点连续下跌到96.89点，跌幅接近76%（如图5-21）。

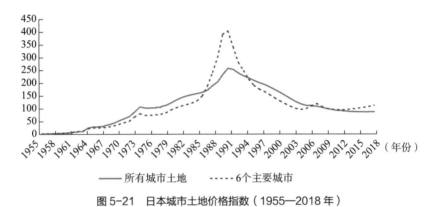

图5-21 日本城市土地价格指数（1955—2018年）

资料来源：万得（Wind）数据库

日本金融危机对于日本经济和社会产生了广泛而深刻的影响。

第一，房地产市场和股市的大幅下跌导致大量企业和银行的财务状况急剧恶化。银行的不良贷款率快速上升，使房地产贷款占比相对较高的"住专"陷入了困境。由于房地产市场的急剧下跌，大量房地产企业贷款抵押物的市场价格快速缩水，经营情况急剧恶化，无力偿还贷款本息，致使"住专"的不良债权急剧增加。1995年7家"住专"的不良贷款率已经高达74%，1996年日本的8家住房专业银行中有7家先后申请破产。由于"住专"的资金很大一部分来自其他商业银行，"住专"的连续破产导致日本金融业巨额不良资产链条的断裂，严重冲击了日本金融系统的稳定性，日本政府不得不修订《存款保险法》，正式废止"住专"。

日本经济泡沫破灭之后，日本政府的财政收支状况严重恶化，对公共住房机构的改革已迫在眉睫。首先，鉴于日本房地产市场已经由增量时期转向存量时期，2006年日本政府颁布了《居住生活基本法》，对于居民住房的支持从增加数量转向了提升质量。为此，日本政府终止了自1966年开始，实施了40年之久的住宅建设五年计划，重新制订了2006—2015年的居住生活基本计划。该计划重点在于设定了住宅性能水准、居住环境水准和居住面积水准等一系列居住质量目标，并且制定了达成这些目标所需要的政策方案等，将政府居住政策的关注点从增加住宅数量转向提高居住质量。

第二，由于人口严重老龄化，日本城市化进程陷入停滞。随着日本家庭生育率下降，日本老龄化率快速上升。1990年日本老龄化率为12.1%，到2005年已经达到20%以上，日本人口逐渐进入严重老龄化时期。尽管在2000年后，由于行政区划调整带来的效应，日本城市化率再次出现大幅上升，但与1975年之前经济发展推动的城市化进程存在本质区别。2000—2007年，日本市町村的数量从原来的3 213个大幅减少到1 703个，减少近50%；市町村的面积也从30多万平方千米下降到19万平方公里。从统计上看，是"平成大合并"导致日本城市率出现了快速上升。

第三，根据实际情况，日本政府调整了住房金融机构及其职能。依据1999年的《中央政府机构改革法案》，2001年日本开始对所有政府附属机构进行改革。2004年后，日本政府对住房发展机构的职能和业务进行了较大的调整。首先，将"都市基盘整备公团"与"地方都市开发整备公团"合并改组为"都市再生机构"（UR），使之成为唯一的公共住房供应机构。合并后的"都市再生机构"不再直接参与建设和出售公共住宅，而是定位于城市建设的统筹策划，将其职能调整为主要负责城市土地储备、整理和再开发以及公共租赁住房的供给等。其次，将"住宅金融公库"改名为住宅金融支援机构（JHFA），使之成为唯一的公共住房金融机构。同时，合并后的住宅金融支援机构全面退出房地产一级信贷市场，转为专门从事房地产贷款证券化融资及融资担保业务，为二级市场的商业机构提供金融支持。同时，在资金来源上采取市场化的运作方式，主要通过发行MBS来筹措资金，以减轻其对政府财政资金的依赖。数据显示，2007—2016年政府的财政资金在住宅金融支援机构资金来源中的占比由76.7%大幅降至24.6%，而通过发行MBS筹措的资金占比则由16.1%上升至55.6%。

在新的住房金融体系下，民间住房金融机构主要负责与房地产市场相关的一级市场公共住房金融服务，而政府机构则主要在二级市场为民间住房金融机构提供金融支持。日本住房金融体系逐渐形成以民间住房金融机构为主、政策性金融机构为补充的市场化格局。

二、日本现行居民住房供给体系

日本是一个多山的岛屿国家，领土由北海道、本州、四国、九州四个大岛及6 800多个小岛组成，国土总面积为37.8万平方公里。日本中部地势较高，山地成脊状纵贯日本岛的中央，将日本的国土分割为东部的太平洋一侧和西部的日本海一侧。由于日本的山地和丘陵面积占全部国土面积的71%，因此日本适用的建筑用地面积十分有限。

日本的人口密度在全球各国中相对较高。截至2020年底，日本的总人口大约为1.26亿人，即使按全部国土面积计算，人口密度也高达346.9人/平方公里，国家人口密度居世界第8位。而实际上，日本可供开发建设的国土面积仅为全部国土面积的29%，按可供开发建设的国土面积计算的人口密度将会更高。

1. 日本现行住房供给体系构成

（1）日本现行居民住房按房屋来源分为保障性公共住房和商业性住房两大类

日本现行住房供给体系如图5-22所示。保障性公共住房主要包括公营住宅和公团公社住房等，主要由中央和地方政府组织的各种住宅建设公团建设；商业性住房则主要由民间房地产商建设。

图5-22 日本现行住房供给体系

政府提供的保障性公共住房并不是面向所有日本民众，而是主要为中低收入家庭提供基本的居住服务。日本政府采取收入分组的方式将所有居民家庭划分为十个等级，以 70% 为标准划分点（见表 5-3）。收入低于 70% 划分点的家庭为中低收入家庭。只有这些中低收入家庭才可以公开抽签的方式，购买或者租赁保障性公共住房。申请入住的抽签方式严格，入住权利严禁转让，同时规定在居民入住三年后将再次调查其收入情况。若居民收入超过入住标准，政府将提高房租或者要求其退出保障性公共住房。收入高于 70% 划分点以上的家庭被划分为高收入家庭。高收入家庭不能申请保障性公共住房，只能购买商业性住房。

表 5-3　日本家庭（2 人以上）年收入分位表

家庭收入（万日元）		1991 年	1992 年	1993 年
五分法	十分法（%）			
五	90	960—1 160	974—1 177	1 004—1 216
	80	842—960	854—974	881—1 004
四	70	750—842	761—854	784—881
	60	670—750	679—761	700—784
三	50	596—670	604—679	622—700
	40	534—596	541—604	558—622
二	30	460—534	466—541	479—558
	20	370—460	374—466	383—479
一	10	370 以下	374 以下	383 以下

资料来源：日本统计局

（2）按照房屋权属的不同，日本的住房分成自有住房和租赁住房两大类

房屋租赁市场已经成为近年来日本房地产市场增加量的主体。1988—2007 年，大部分新建住房中租赁住房数量都高于自有住

房的数量。日本住宅租赁对 GDP 的贡献度远高于其他不动产业。1970—2017 年，住宅租赁业的增加值占 GDP 的比重年均为 7.6%。日本户均居住面积为 96 平方米，其中自有住宅的户面积为 124 平方米，租赁住房的户均面积为 46 平方米。日本租赁住房虽然面积略小，但往往交通便利、配套齐全。

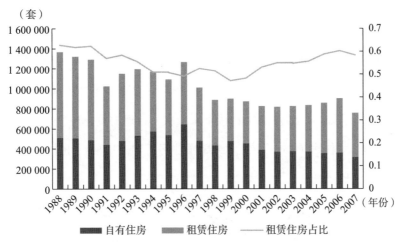

图 5-23 日本新建自有住房和租赁住房的数量及租赁住房占比（1988—2007 年）
资料来源：日本统计局

日本统计局的数据显示，从存量结构看，日本的自有住房依旧占据居住市场的主体。2018 年，日本住宅总量为 5361.63 万套，其中自有住房为 3 280.15 万套，占比为 63%；租赁住房为 1 906.47 万套，占比为 37%（如图 5-24）。但是，在以东京、大阪、名古屋为中心的三大城市圈的自有住房比例低于全国平均水平，仅为 57.9%，租房比例超过 40%。

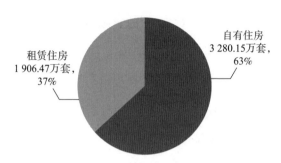

图 5-24　2018 年日本自有住房和租赁住房的比例

资料来源：日本统计局

从自有住房的内部比例来看，2018 年自建新建住房（不包括重建）存量为 990.23 万套，占比最大（30%）；其次是购买的新建住房为 738.9 万套，占比为 23%；接下来依次为自建的重建住房（17%）、购买的二手住房（15%）、继承或赠予住房（10%）等（如图 5-25）。

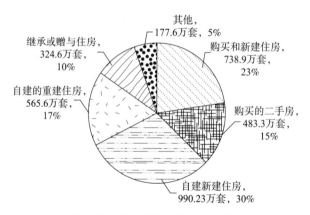

图 5-25　日本各类自有住房所占比例

资料来源：日本统计局

在购买的新建住房中，都市再生机构及其他公共机构提供的公共性保障住房为 43.89 万套，占比仅为 6%；而私人公司提供的新建住房为695万套，占比为94%（如图5-26）。

租赁住房包括公营租赁住房、公团公社租赁住房、私人租赁住房和单位提供给员工居住的特许租赁住房4种。从租赁住房的内部比例来看，私人租赁住房的比例最大。数据显示，2018年日本租赁住房市场结构中，私人租赁住房占租赁住房总量的比重高达80%，公营租赁住房占比约为10%，企业为员工提供的特许租赁住房所占比重约为6%，而公团公社租赁住房所占比重约为4%（如图5-27）。

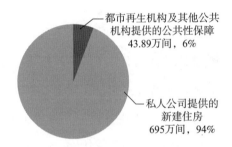

图5-26 日本购买各类新建住房所占比重

资料来源：日本统计局

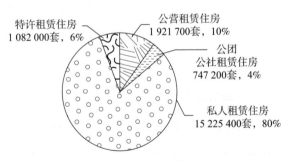

图5-27 2018年日本各类租赁住房所占比例

资料来源：日本统计局

日本租赁住房市场活跃的最主要原因是日本政府建立了一整套

完善的租赁法律体系,有效地保护了租赁用户的利益。日本租赁法律体系以《民法》为核心,以《借地借家法》为主要依据。通常房屋租赁合约的租期为1—2年;除非租赁双方均同意解约,否则租约到期后自动续约,房东在无正当理由情况下不允许解约;禁止恶意涨租。因此,相关法律很好地保护了承租一方的权益。

根据日本相关法律,只有在如下特殊情况下,房东才可变更租金。具体规定如下:

- 房地产相关税收及其他负担的增减导致租金不合理;
- 房地产价格涨跌及其他经济变动导致租金不合理;
- 与同区域、同类别房地产相比,租金不合理;
- 租金托管机制赋予租户议价能力。当房东要求的租金超过租户预期,租户可将自认为合理的租金委托给租金托管所后继续居住,不用考虑因未付租金而被强制搬出。租金委托后,可继续与房东协商,或寻求调停,甚至通过法律来解决。

日本租赁住房市场活跃的另一个重要原因是采取规模化的机构运营模式。根据日本国土交通省的调查数据,在民营租赁住房的管理模式中,65.3%的民营租赁住房完全由委托机构运营,25.5%的民营租赁住房将部分业务交由委托机构管理,业主完全自行管理的民营租赁住房仅占9%。因此,住房租赁市场规范化程度非常高。

日本租赁住房市场活跃的第三个原因是日本房屋出租的租金收

益率远高于银行定期存款利率和 10 年期国债收益率，具有很强的投资吸引力。2008 年金融危机以来，在零利率政策下，日本的银行定期存款和 10 年期国债收益率几乎为零，而日本房屋出租的租金收益率平均在 5% 以上，较高的租金收益率吸引了不少社会资本进入住房租赁市场。

2. 日本公共住房提供机构

日本保障性公共住房主要是由都市基盘整备公团提供的。该公团成立于 1999 年，前身为设立于 1955 年的住宅整备公团。成立初期，都市基盘整备公团的主要业务是为低收入家庭提供低租金房屋和廉价出售房。都市基盘整备公团为低收入家庭提供的优惠政策主要包括：提供以成本价为基准的廉价出售房，同时对购房家庭提供一系列税收优惠，包括减免交易税、不动产税及固定资产税，享受 6 年所得税返还等；同时都市基盘整备公团还向低收入家庭提供低租金出租房，减免租户前五年的租金，待租赁期满五年后再增加房租等。

日本政府为都市基盘整备公团提供了一系列优惠政策，包括低息贷款、利息补贴和财政补贴等。2004 年 7 月都市基盘整备公团更名为"都市再生机构"，隶属国土交通省，目前是日本唯一的公共住房管理机构。截至 2019 年 3 月 31 日，"都市再生机构"的注册资本为 96.92 亿美元，其中 96.74 亿美元来自中央财政，占比为 99.8%；0.18 亿美元来自地方财政，占比为 0.2%。[①]

---

① 日本都市再生机构网站 http://www.ur-net.go.jp/overseas/about/data.html。

目前"都市再生机构"的主要业务为：城市基础设施的整备和公共租赁住房的供给，不再提供用于出售的公共住房。在公共租赁住房供给方面，政府通过低息贷款、利息补贴和财政补贴等为"都市再生机构"提供补贴，再通过该机构向低收入家庭和高龄人士等特殊人群提供低租金公共租赁住房；同时为了保障公平性，规定低租金公共租赁住房承租人必须为收入水平最低的25%的群体。

目前，日本"都市再生机构"具体业务主要包括以下几项内容：

- 城市重建：与地方政府和私营部门合作，实施具有重大社会意义的城市重建项目；
- 租赁房屋管理：包括规划、设计、施工、维护、管理、维修、改造等内容；
- 灾后重建：为受灾地区的快速重建提供住房建设等支持；
- 项目管理：项目推广和技术支持，例如代表地方政府进行城市规划设计及建筑设计的招标工作；
- 城市管理：帮助城市进行从总体规划到区域管理的全方面设计。

截至2021年9月，"都市再生机构"共完成了253个城市重建项目以及281个新城建设项目；同时提供了73万单元的出租房屋以及158万单元的居民住房。

3. 日本公共住房管理机构

日本公共住房的管理机构是日本住宅局。该机构隶属国土交通省，是代表日本政府行使住房建设决策和管理监督职能的官方机构。其具体职能包括：

- 制定住房政策；
- 制定、分配国家住宅预算；
- 住宅建设五年计划的制订与执行；
- 对地方公共住宅建设团体等进行指导；
- 推进民间住房建设等。

三、日本现行公共住房金融体系

日本公共住房金融制度采取混合型金融政策。日本公共住房金融体系可以分为政府公共住房金融机构和民间商业金融机构两大类。其中，民间金融机构主要负责住房抵押贷款的一级市场，为享受公共住房保障政策的人群和建设公共住房的房地产商提供低息贷款；而政府设立的公共住房金融机构主要承担公共住房的资金筹集和信贷计划的制订工作，同时为住房抵押贷款二级市场提供资金，为一级市场的民间住房金融机构提供住房抵押贷款证券化服务和贷款担保服务。政府公共住房金融机构和民间商业金融机构两者分工明确，互为补充、互相协作。以下介绍各个机构的具体职责。

1. 政府公共住房金融机构

（1）住宅金融支援机构（JHFA）

住宅金融支援机构的前身是1950年成立的住宅金融公库。住宅金融公库设立初期是政府全资所有的机构，隶属于国土交通局，是日本主要的政策性公共住房金融机构。与民间住房金融机构不同，住宅金融公库不直接吸收存款，也不以盈利为目的，而是为政府的住房政策目标服务。

住宅金融公库的资金完全来自政府，发放贷款的资金也主要依靠政府财政款项。

住宅金融公库成立初期的主要业务是在住房抵押贷款一级市场直接为居民家庭和房地产商提供与住房相关的信贷服务。具体包括：

- 为居民购房/自建房/租房提供低息贷款；
- 为民间住房信贷机构提供贷款保险；
- 为城市住宅基础设施建设提供贷款融资。

住宅金融公库提供的贷款都是有偿的。贷款利率主要参照民间银行三年期存款利率，或十年期日本国债利率。住宅金融公库对居民贷款的额度和利率住房性质与面积大小而有所区别。一般来说，住房的面积越大，贷款利率越高；普通住房贷款利率比别墅低；同时，如果是财产形成型贷款，额度上限为4 000万日元，其他贷款方式都不得超过2 000万日元（见表5-4）。

表5-4 住宅金融公库对不同贷款对象的贷款额度和年利率

类型		购买自住住房	自建自有住房	别墅	财产形成型贷款
贷款额度上限（万日元）		1 550	1 450	970	4 000
贷款利率（%）	125平方米以下	4.1		4.7	4.1
	125~165平方米	4.3			
	165~240平方米	4.5			

资料来源：日本住宅金融支援机构

住宅金融公库对地产开发商的贷款额度和利率也因住房性质的不同而有所区别。一般来说，贷款期限越短，利率越低；贷款额度基本能覆盖建造成本的90%以上（见表5-5）。

表5-5 住宅金融公库对地产商的贷款额度和年利率

房屋性质		出售	出租
贷款占建造费的比例（%）		90	99.45
贷款利率（%）	10年以内	4.15	4.1
	10年以上	4.5	4.5

资料来源：《住宅金融公库》（1993年版）

住宅金融公库对居民个人以及房地产商发放贷款有两种基本方式：委托贷款和自营贷款。从两种方式的规模来看，以委托贷款为主，委托贷款占比达到了70%以上。

① 委托贷款

指住宅金融公库以委托普通商业银行并支付一定手续费的方式，向借款人提供贷款。委托贷款主要针对个人客户。受委托的银行大多是分布在东京—大阪—名古屋三大城市群的大型商业银行。具体操作上，由商业银行负责审查借款人的资质，进行贷款催缴和贷款回收。

② 自营贷款

指通过住宅金融公库在日本各地设立的分支机构直接发放的贷款。自营贷款主要针对房地产开发商。

据统计，1950—2006 年，住宅金融公库累计为 1 941 万户家庭提供住房抵押贷款，涉及的家庭住房占住宅存量的 30% 以上，累计贷款规模高达 151 万亿日元。

(2) 住宅金融支援机构的主要职能

2007 年 4 月 1 日，住宅金融公库改名为住宅金融支援机构。改制之后的住宅金融支援机构不再依赖国家的财政补助，而是成为自负盈亏的独立法人。住宅金融支援机构的市场定位与职能也发生了全面的改变，住宅金融支援机构全面退出了住房金融的一级市场，不再直接为居民家庭和开发商提供与住房相关信贷资金支持，而是成为日本住房抵押贷款二级市场的金融中介机构，主要职能是为住房抵押贷款一级市场上的金融机构提供资金支持。

随着定位与职能的调整，住宅金融支援机构的具体业务主要集中在日本住房抵押贷款二级市场。具体包括以下几项内容：

- 买取型证券化支持业务（Purchase Program），即向一级市场住房金融机构购买其所发放的个人住房抵押贷款（一般是 FLAT 35 贷款），将其打包之后进行资产证券化，并在二级市场发行 MBS。由于住宅金融支援机构由政府信用背书，其发行的住房抵押贷款资产证券化产品具有很高的信用等级，发行成本也相对较低。根据住宅金融支援机构 2018 年年报数据，买取型证券化支持业务（FLAT 35 贷款）未偿还产品余额为 16 万亿日元，占该机构未偿还住房抵押贷款资产证券化产品规模的 70%。

- 保证型证券化支持业务（Guarantee Program），即为其他私人金融机构发行的住房抵押贷款资产证券化产品提供本息担保，以提高这些产品的信用等级。

- 住房贷款保险业务（Housing Loan Insurance Business），即为民间金融机构提供贷款保险服务。一旦投保的民间金融机构发放的贷款无法按期收回本息，则由住房金融支援机构向该民间金融机构支付约定的保险金。参保的民间金融机构需要按合同支付约定的保费。

- 灾后重建和城市发展贷款（Policy-Related Loans for Disaster and Urban Development），若发生地震或其他自然灾害，住宅金融支援机构将为受灾民众提供低息贷款，帮助其进行灾后生产和生活恢复，同时为灾后城市重建提供低息重建贷款。

- 集团信用人寿保险业务（Group Credit Life Insurance Business），为 FLAT 35 等贷款申请人提供人寿保险服务，一旦其身亡或伤残，住宅金融支援机构将会代为偿还剩余的房贷。

2. 民间商业住房金融机构

2004年起,日本政府对政策性住房金融机构的职能进行了较大调整。随着政府住房金融机构逐渐退出住房贷款一级市场,民间金融机构在日本公共住房金融体系发挥的作用越来越大,承担起更多公共保障性住房的金融支持责任。

民间住房金融机构的业务主要是为公共住房保障人群和承担公共住房建设的地产商提供低息贷款,利率一般低于市场利率;日本住宅局以财政补贴、贴息等方式,对民间住房金融机构提供补贴。

日本民间商业住房金融机构主要包括国内商业银行(都市银行、地方银行、第二地方银行、信托银行)、农协系统金融机构、信用金库、信用组合、劳动金库、人寿保险、财产保险等。不同的住房金融机构在业务发展重点上有所区分。

- 日本都市银行相对规模较大,是日本银行业的核心部分。其业务重点是在大都市为大型企业服务,针对个人家庭的信贷业务比较少。
- 地方银行规模较小,大多是代理当地政府的金融事务。贷款对象以地方性中小企业为主,主要资金来自个人储蓄,区域性特征明显。
- 第二地方银行与地方政府关系更为紧密,主要开展中小企业和个人金融服务。
- 信托银行可兼营信托和银行业务,主要为客户提供长期贷款。

- 农协系统金融机构主要为农林渔业的客户提供贷款。
- 信用金库、信用组合和劳动金库大多只为中小企业提供金融服务，实行会员制。日本信用金库是依据1951年6月颁布的《信用金库法》设立的地区性信用合作金融组织。与商业银行不同，信用金库为非营利性组织，其营业范围有严格的地域限制。信用组合的贷款申请人必须是在当地居住或工作的该组织的会员；会员资格需要缴纳一定数额的会员费才能获得。

四、日本公共住房金融业务运作模式

日本公共住房金融业务模式相对简单。概括起来主要是：民间住房金融机构负责公共住房金融业务一级市场的信贷工作，政府住房金融机构主要对住房抵押贷款二级市场提供金融支持；而政府通过财政补贴、税收减免等对住房金融机构提供支持。

以下从公共住房金融业务运作流程和主要住房金融工具两方面进行具体介绍。

1. 日本公共住房金融业务运作流程

日本公共住房金融业务按其运作流程可以分为住房抵押贷款的一级市场和二级市场，具体的业务流程如图5-28。

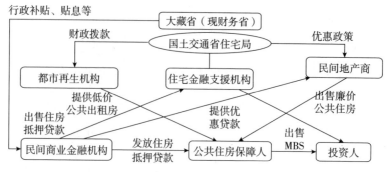

图 5-28 日本住房金融业务运作流程

（1）公共住房金融的一级市场

公共住房金融机构主要通过两个渠道参与住房抵押贷款一级市场：

一是大藏省（现财务省）以邮政储蓄、企业年金等方式筹集资金，并通过行政补贴、贴息等优惠政策对建设公共住房的开发商和民间商业金融机构提供资金支持，帮助公共住房购买者获得低价出售房和优惠的贷款利率。

二是住宅局以财政拨款的方式，为"都市再生机构"提供资金支持，为符合条件的公共住房申请人提供廉价出租房。

（2）公共住房金融二级市场

从 2001 年 3 月开始，住宅金融支援机构在全国范围内，按照统一标准，从民间金融机构购买个人住房抵押贷款，操作后转化为住房抵押贷款资产证券化产品，再销售给二级市场投资者，从而获取资金。由于住宅金融支援机构的信用较高，所发行的住房抵押贷款资产证券化产品一般能够获得标普和穆迪的最高 AAA 证券评级。

截至 2020 财年末，住宅金融支援机构的资本金为 7 014.75 亿日元，全部由日本政府出资，是日本国内唯一负责个人住房抵押贷款证券化的机构。

2. 日本主要住房金融工具

日本公共住房金融工具主要有一级市场住房金融工具和二级市场住房金融工具两大类。

(1)一级市场住房金融工具

根据资金来源不同,一级市场住房金融工具可以分为政府住房金融工具和民间住房金融工具。

① 政府住房金融工具

2005年之前,日本政府公共住房金融工具主要有四种,分别为邮政储蓄—住宅金融公库融资、年金住宅融资、财产形成型住宅融资和自治体融资。其中,邮政储蓄—住宅金融公库融资为主要融资方式。2005年1月,年金住宅融资停止。2007年4月,住宅金融公库转型为住宅金融支援机构,并且退出了住房金融一级市场。目前,政府住房金融工具只剩下财产形成型住宅融资和自治体融资两种。

财产形成型住宅融资的主要服务对象是有固定收入的工薪阶层和公务员。申请人必须在贷款申请日前2年进行财产形成型储蓄,并且连续完成一年以上储蓄,同时在申请日前储蓄账户余额必须达到50万日元以上,才能申请该项贷款。可申请的最高贷款额为其储蓄账户余额的10倍,最多不能超过4 000万日元。贷款利率每5年调整一次,在调整后的5年内为固定利率。

这种贷款方式通过日本发达的邮政储蓄系统筹集资金,向居民发放住房抵押贷款。邮政储蓄实行多项免税优惠，每一储户300万日元以下存款可以获得免税优惠，同时鼓励储户以多开账户的方式获取免税优惠。

自治体融资日本都道府县以及町村等各级地方政府，都会对本地居民家庭提供住房金融支持。主要有三种形式，分别为直接提供住房贷款、住房贷款安排以及民间住房贷款的利息补助。各地政府提供融资的条件和利息有所不同。

② 民间住房金融工具

相比政府住房金融工具，日本民间住房金融工具在贷款条件和利率等方面比较灵活，近年来民间住房金融工具市场发展迅速。根据民间住房贷款的主体，民间住房金融工具可以分为FLAT 35贷款、商业银行住房贷款、信用金库及信用组合贷款、劳动金库和农协组织的住房金融工具等几大类。

FLAT 35贷款是目前日本最主要的民间住房金融工具，2003年10月，由民间金融机构与住宅金融支援机构合作推出，目的是满足自购房客户的贷款需求，并与商业银行合作发放住房抵押贷款。与日本住宅金融支援机构合作的商业银行，不仅包括富士银行、三井住友银行、埼玉银行、乐天银行等大型都市银行和信托银行，还包括北海道银行、青森银行、秋田银行等地方性银行。

FLAT35贷款的主要条件是：

- 申请人必须具有日本国籍或者具有日本永久居住权。
- 年龄在70周岁以下（如果采用子女接力还款的方式，满

70周岁以上的人也可以申请)。

- 如果借款人家庭年收入低于400万日元,本贷款和其他借款合计每年还款额需要控制在家庭年收入的30%以下;如果借款人家庭年收入高于400万日元,则每年还款额需要控制在家庭年收入的35%以下。
- 贷款期限和利率:可以提供期限为15—35年的固定利率贷款。条件是借款人年龄不能超过70周岁,同时还清贷款时借款人的年龄不得超过80周岁。
- 贷款额度:平均贷款总额可以达到房屋总价的80%以上,一般在100万—8 000万日元。
- 还款方式:贷款人可以使用等额本息或等额本金的方式还款,在还款期限内可以选择直接偿还剩余房贷,而且不需支付剩余的利息(见表5-6)。

表5-6　2019年12月至今的FLAT 35贷款条件

贷款额度	9成以下		9成以上	
还款期限(年)	15—20	21—35	15—20	21—35
年贷款利率(%)	1.16—1.82	1.21—1.87	1.42—2.08	1.47—2.13

资料来源:日本住宅金融支援机构

- 住宅标的要求:申请FLAT 35贷款购买或者租赁的房屋归贷款者本人所有。供本人或亲属居住的新建/二手住宅需要满足以下条件(见表5-7)。

表5-7 申请FLAT 35贷款对房屋和建筑物的要求

房屋面积	建筑物要求
单独住宅使用面积需在70平方米以上；公共住宅专属面积需要30平方米以上	①符合住宅金融支援机构规定的技术标准 ②若是单独住宅建设，竣工时需发放建筑基准法规定的检查完毕证 ③若是公共住宅，需符合住宅金融支援机构规定的维持管理标准

资料来源：日本住宅金融支援机构

根据住宅金融支援机构数据，FLAT 35贷款每月的申请量大约在1万笔，通过率接近90%。2018年以来FLAT 35贷款的贷款利率为1%—1.5%。

商业银行住房贷款是日本最为常见的民间住房金融工具。商业银行的住房抵押贷款主要根据借款人的家庭收入决定是否提供贷款及设定贷款条件。在日本提供公共住房贷款的银行包括：都市银行、地方银行及信托银行等。

商业银行住房贷款主要分为三类：

- 浮动利率型：贷款利率每半年审核一次，还款金额每五年变动一次。

- 固定利率期间选择型：在贷款合约上的固定期限内，按约定的固定利率还款，每月还款额固定，到期后可继续选择固定利率。

- 完全固定利率型：按照某一固定利率还款，每月还款额固定，最典型的是FLAT35贷款。

2013年以来，在日本商业银行新发放的个人住房抵押贷款中，以浮动利率型住房抵押贷款为主，占比超过50%。

信用金库、信用组合贷款是由日本的信用金库和信用组合提供的。由于信用金库和信用组合都属于非营利性的金融机构，其提供的大部分贷款都仅面向在当地居住或工作并且缴纳会员费的会员或社员。

信用金库和信用组合的差别是：信用金库对存款无限制，原则上以会员为贷款对象，但可以有限制地向非会员贷款，同时提供毕业生贷款。信用互助组合存款原则上以组合成员为服务对象，但允许非组合成员存款占总存款的20%；原则上以组合成员为贷款对象，同样可以有限制地对非组合成员开放；向同一贷款者提供的贷款总量不超过自有资本的20%，同时不提供毕业生贷款（见表5-8）。

表5-8 信用金库、信用组合、普通商业银行区别

分类	信用金库	信用组合	普通商业银行
成立依据	信用金库法	中小企业合作社法；合作社金融事业相关法律	银行法
组织	由会员出资的非营利性法人	由社员出资的非营利性法人	公司制营利性法人
会员资格	在地区内有住所的人；在地区内拥有事业单位的人；在地区内从事劳动的人；确定可以迁居到地区内的人；员工在300人以下或资本在9亿日元以下的经营者	在地区内有住所的人；在地区内经营的小规模经营者；在地区内从事劳动的人；在地区内开展业务的小规模经营者；从业人员在300人以下或资本在3亿日元以下的经营者（批发业100人或1亿日元，零售业50人或5 000万日元，服务业100人或5 000万日元）	无要求

续表

分类	信用金库	信用组合	普通商业银行
业务范围	对存款没有限制；贷款原则上以会员为对象，但也可以有限制地向非会员提供贷款；可提供毕业生贷款	存款原则上以组合成员为对象，但允许非组合成员存款占总存款的20%。原则上以组合成员为贷款对象，但也可以有限制地向非组合成员贷款，向同一贷款者提供的贷款总量不超过自有资本的20%；不提供毕业生贷款	无限制

资料来源：日本信用金库协会

截至2020年，日本信用金库存款余额为155.6万亿日元，同比增长7.1%，为近20年来的最高增速。

日本的劳动金库是由日本的工会、消费生活互助合作社及其他工人团体发起成立的、带有互助合作性质的金融机构。它是合作性福利金融机构，以劳动者团体和广大市民参加的团体为会员，以促进会员从事的经济、福利、环境及文化等活动为目的。各个会员团体内的劳动者等个人被称为"间接成员"。劳动金库的业务以面向会员、间接成员的存款、借贷业务为主，从事汇兑交易、公共机构（住宅金融公库等）的代理业务等。资金来源主要是吸收会员、国家和地方公共团体、非营利法人和非会员的存款（不能超过会员存款总额的20%）。在资金运用上，主要以向会员和日本劳动住宅协会贷款为主。

日本农协组织由三个不同的层次组成：最基层是农业协同组合（简称基层农协），中间层是信用农业协同组合联合会（简称信农联），最高层是农林中央金库（简称农林中金）。农协组织贷款通过各地的农协组织发放，主要针对农协会员，会员贷款不以盈利为目的，国家对农协贷款给予利息补贴。在不损害会员利益前提下，农协也可以向非会员发放贷款，但是对非会员发放贷款的额度有一定的限制。

（2）二级市场住房金融工具

二级市场住房金融工具主要是MBS。

截至2020年3月31日，住宅金融支援机构发行的MBS规模高达23.87万亿日元，其中17.06万亿日元是住宅金融支援机构从商业金融机构购买的住房抵押贷款，6.78万亿日元为住宅金融支援机构直接发放的住房抵押贷款。投资者可以在住宅金融支援机构的网站上查阅到每期MBS的具体发行情况。

截至2019年3月20日，住宅金融支援机构发行的MBS情况见表5-9。

表5-9 住宅金融支援机构发行MBS情况（截至2019年3月20日）

	MBS#132	MBS#133	MBS#134	MBS#135
发行规模（亿日元）	2 342	1 574	1 309	1 436
定价日期	2018-4-19	2018-3-18	2018-6-20	2018-7-20
发行日期	2019-4-26	2018-3-25	2018-6-27	2018-7-27
息票利率（%）	0.4	0.42	0.39	0.39
净息差（%）	0.36	0.36	0.35	0.35
债券等级	AAA	AAA	AAA	AAA
超额担保比率（%）	20.3	20.3	20.7	20.7
最初贷款总额（万亿日元）	2.94	1.976	1.65	1.81
借款人数量（人）	9 933	6 668	5 770	6 293

续表

	MBS#132	MBS#133	MBS#134	MBS#135
平均贷款期限（年）	31.9	31.9	32.2	32.1
平均 LTV（%）	90.61	91.08	91.97	91.64
平均 DTI（%）	23.34	23.39	23.6	23.93
加权平均息差（%）	1.02	1.04	1.07	1.11
加权平均久期（%）	32.6	32.5	32.8	32.9

资料来源：日本住宅金融支援机构

注：1. 超额担保比率，指证券化产品的底层基础资产（例如住房抵押贷款）的规模大于所发行的证券化产品的本金规模，超出部分相当于为所发行证券产品提供担保。超额担保的比例通常与底层资产的结构和风险有关。2. 贷款价值比率（Loan to Value Ratio，简称为 LTV），贷款金额与贷款抵押物价值之比。房贷的贷款价值比率是贷款金额与所抵押房产价格之比。3. 债务收入比（Debt to Income Ratios，简称为 DTI），是反映借款人还贷能力的重要指标。

五、日本住房金融发展对中国公积金制度改革的启示

通过分析日本住房市场发展和住房金融体系的运行情况，我们得到很多关于中国发展居民住房市场解决当前"房住不炒"难题的有益启示。从日本 20 世纪 80 年代的房地产泡沫以及 20 世纪 90 年代的金融危机中，我们可以汲取很多的教训；日本发展公共住房市场和住房金融体系的经验，也为中国公积金制度改革提供了清晰的思路。

1. 稳健发展居民住房市场和住房金融体系的首要前提是大量修建公共住房，稳住基本盘

日本的房地产市场发展具有其特殊性。作为"二战"的战败国，在战争中日本的城市受到严重的损毁。因此，战后相当长的时

期内，解决战争造成的居住困难就成为日本政府的当务之急。这一点不同于美国和欧洲绝大多数国家。1948年日本无房可住的居民达到3 800万人，房屋的缺口高达1 200万套。因此，日本政府在战后重建中投入大量资金修建公共住宅，以解燃眉之急。这也使得房地产行业在"二战"后日本经济的发展过程中，起到了支柱性作用。

2. 住房市场化的时间把握

当房地产存量市场趋于饱和后，推动住房产业转向市场化。1968年日本住房供给的总套数与住户总数基本持平，实现了"一个家庭一套住宅"的预定目标。随着存量住房趋于饱和，日本政府逐渐退出住房建筑市场，转向以私人房地产开发商为主，政府的功能从住房的直接供应转向以住房金融支持为主。在住房市场化的时间把握上，日本政府的做法值得借鉴。从日本经验看，中国推行居民住房市场化在时间把握上有些操之过急。1991年开始推动住房市场化改革时，正是居民住房严重短缺的时候；在这样的背景下，推动市场化改革的必然结果是房地产价格的急剧上涨。而1998年后全面推广住房改革造成了近20年的房地产膨胀。

3. 政府对居民住房市场的金融支持应适时从一级市场转向二级市场

随着日本居民住房市场趋于饱和，尤其是1990年日本金融危机之后，日本政府对居民住房市场金融支持的重点逐渐从一级市场转向了二级市场。

第六章
韩国公共住房金融制度研究与启示

朝鲜战争结束初期，韩国经济十分落后。1953年，韩国的人均名义GDP仅为66美元；1969年，韩国的人均名义GDP仅为79美元。为了尽快发展经济，韩国政府秉承优先发展重化工业的思路，把大部分资源都投入以发展制造业，对住宅建设的投入非常有限。韩国住房市场发展初期主要以居民家庭自建为主；近年来，随着韩国经济的快速发展，韩国的房地产市场发展迅猛，不仅居民家庭住房普及率大幅提升，公共住房体系日益多样化，住房金融市场规模也在快速扩大。

韩国的经济发展历程与我国也很相似。韩国政府灵活运用各种政策工具，有效地实现了对房地产市场的调控，满足了大部分居民的住房需求。深入研究韩国在公共住房方面的经验对我国公共住房金融体系改革具有借鉴意义。

本章我们将从韩国居民住房制度的演变历史、现行公共住房体系、现行公共住房金融体系及运作模式和对我国公积金制度改革的启示四个方面进行具体论述。

一、韩国居民住房制度的演变历史

与日本经历过"二战"相似，20世纪50年代的朝鲜战争造成韩国大量人员伤亡，房屋严重损毁。朝鲜战争导致韩国人口大量减少。根据1955年的统计，当时韩国的总人口大约是2 150万人，甚至比"二战"结束时的人口总数还少近20%。1925—2010年韩国人口总量及增长率情况如图6-1。

朝鲜战争结束后的1953—1960年是当时的韩国总统李承晚的独裁时期。这期间政治动荡，经济发展缓慢，政府无暇顾及居民的住房问题。居民只能依靠自己的力量解决居住难题。这种情况直到1960年李承晚离任后，才开始出现明显转变。

1960年至今的60多年，韩国的居民住房制度发展历程基本可以分成四个阶段。

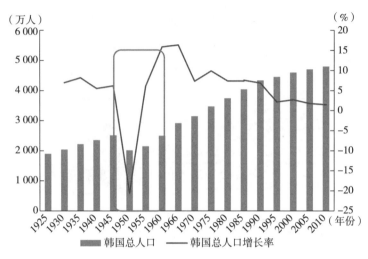

图6-1 韩国人口总量及增长率（1925—2010年）

资料来源：韩国统计局

1. 第一阶段：以民间自建住房投资为主（1961—1970年）

1960年，李承晚竞选总统失败，其独裁执政结束。1961年，经过短暂的尹潽善执政时期，朴正熙通过政变夺取了韩国政权。当时韩国经济十分落后，1960年韩国GDP不足20亿美元，韩国政府强调发展经济是韩国的当务之急。1961年7月22日，韩国成立经济企划院，负责制定国家经济发展方向、开发政策以及编制政府预算。这一时期，韩国政府主要向基础建设投资，推动韩国制造业快速发展。在资金紧缺的情况下，韩国政府对居民住房建设的实际投入非常有限，居民住房建设主要由民间资本承担。

根据韩国统计局数据，1965—1969年韩国累计建设45.9万套住房，其中政府机构（韩国住宅公社和地方政府）建设的居民住房的数量为8.45万套，所占比重只有18.4%，其余81.6%的居民住房

第六章　韩国公共住房金融制度研究与启示

都是依靠民间资本自主建设（如图6-2）。

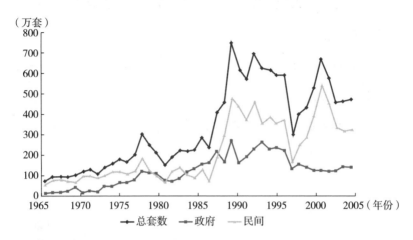

图6-2　韩国住房建设套数（1965—2006年）

资料来源：韩国统计局

1961年，朴正熙政府制订了第一个经济发展五年计划。这一计划第一次提出促进居民住房建设、提高政府对住房市场的参与度。1962年，韩国政府设立了"韩国住宅公社"（Korean National Housing Corporation，简称为KNHC），专门负责住房建设和城市再开发工作。1963年，韩国政府颁布第一部关于住房的法律——《公营住宅法》。提出以国家公营公司的形式为低收入家庭提供公共租赁房和小型商品房。1967年，韩国政府成立韩国住宅银行（Korean Housing Bank，简称为KHB），专门负责为中低收入家庭提供低息住房抵押贷款。这一阶段，以庆尚北道高速公路的开工为契机，房地产投机行为开始急剧增加。1965—1969年，韩国房价年平均增长率为38.2%，12个主要城市的地价年平均涨幅超过50%。

2. 第二阶段：工业化快速发展，住房普及率持续走低（1971—1987年）

20世纪70年代，韩国经济经过十几年的恢复和发展，开始进入工业化高速增长阶段。1970年韩国GDP仅为81.6亿美元；到1987年，韩国GDP已经上升到1 479.8亿美元。这18年间韩国国民生产总值年均增长率高达18.6%。

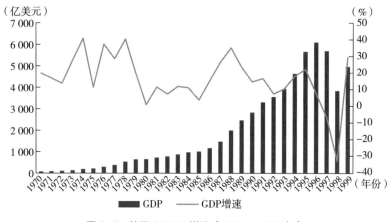

图6-3 韩国GDP及增速（1970—1999年）

资料来源：韩国统计局

随着韩国经济的高速增长和人均收入水平的快速提升，这一阶段韩国人口也快速增加。1953年朝鲜战争结束后，韩国出现了第一次生育高峰期。1971年后，这一生育高峰期出生的年轻人陆续进入婚育年龄。1970年韩国人口数为3 143万人，到1990年迅速增至4 339万人，20年间累计增加38%（如图6-4）。人口的急剧增加给居民住房市场造成了很大的压力。尽管在这一时期，韩国政府加大了对居民住房的投入，但是韩国居民住房的套户比始终维持在一个很低的水平，居民住房短缺的问题始终比较严重。

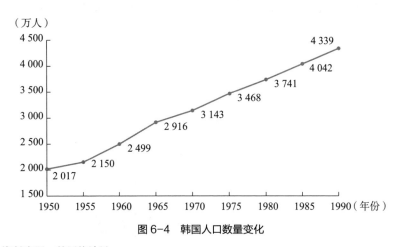

图 6-4 韩国人口数量变化

资料来源：韩国统计局

韩国快速的工业化进程带动了大量农村人口进入城市。1970年韩国工业化的初期，城市化率大约在 41.8%（如图 6-5），城市人口数量仅为 1 313 万人。到 1987 年韩国工业化的末期，城市化率已经快速上升到 74.4%，接近发达国家城市化水平，城市人口数量达到 3 228 万人，相比 1970 年城市人口数量净增加 2.46 倍。随着大批农村青壮年进入城市，城市居民住房短缺问题变得尤为严重。

韩国的经济发展模式客观上造成了人口集中分布于首都核心圈。在城市化进程中，由首尔、仁川、京畿道、牙山市、天安市和春川市组成的韩国首都城市圈人口数量急剧增加，韩国统计局数据显示，在这一都市圈的人口达到 2 571 万人，占韩国总人口的49.8%。1970—1990 年，韩国人口密度从 351.1 人 / 平方千米增加至437.7人/平方千米，增幅为24.7%；首尔的人口密度从9 077.8人/平方千米大幅增至17 532.2人/平方千米，增幅超过93%；京畿道的人口密度从1975年的364.8人/平方千米增至1990年的571.1人/平方千米，增幅接近57%。

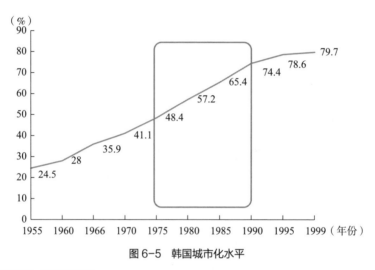

图6-5　韩国城市化水平

资料来源：韩国统计局

与此同时，中部和南部以农业经济为主的忠清南道、全罗南道等地区的人口密度，出现持续的下降。忠清南道人口密度从327.8人/平方千米减至242.2人/平方千米，减少幅度接近25%；全罗南道人口密度更从331.8人/平方千米减少至212.2人/平方千米，减少幅度接近40%。人口的迁移和空间分布的错配导致韩国首都城市圈住房供应不足的问题非常严重。

1966—2015年，韩国全国及部分地区人口密度情况如图6-6。

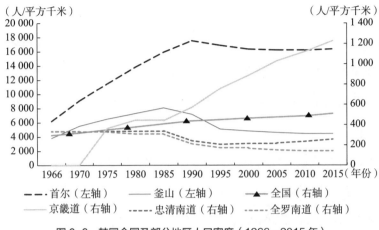

图6-6 韩国全国及部分地区人口密度（1966—2015年）

资料来源：韩国统计局

为了扩大住房供给，保障中低收入家庭的基本住房需求，这一时期韩国政府采取了一系列措施，积极推动居民住房建设。

（1）完善与住房相关的法律法规，为住房市场规范发展奠定了法制基础，并编制长期住房建设规划

1972年，韩国政府废止了已经不适应居民住宅建设形势变化的《公营住宅法》，并在1972年和1978年先后推出《住宅建设促进法》《关于国民住宅优先供给的规定》等多项法规。这些法规明确了多渠道建设居民住房、公共机构重点建设小户型住房等增加住房供给的基本方针。

1981年，韩国政府制定并实施《住宅租赁保护法》和《住宅促进法》。《住宅租赁保护法》的立法目的是保护承租家庭的居住权；而《住宅促进法》的目的是确立"住房分让制度"，明确规定在住房完工之前，购房者需支付80%左右的房款给开发商，以解决住房建设资金不足的问题。

1984年，为了解决城市居民家庭的居住问题并加快公共租赁住房的建设，韩国政府颁布《租赁住房建设促进法》。根据这部法律，韩国政府将大量增加租赁期限较长（5年期、20年期）的公共租赁房屋供给；给予租赁、建设和购买小型公共住房的居民大幅度税收优惠，对在流通和保有环节产生的所得税、转让所得税给予不同程度的减免；同时规定所有公民均可申请租赁住房。《租赁住房建设促进法》的颁布，标志韩国公共租赁住房制度开始逐渐成熟。

1972年，韩国政府提出"一户一住宅"的住房发展目标，正式制定韩国第一个住宅建设十年计划（1972—1981年）。根据这一建设规划，韩国将在10年内完成250万套居民住房建设，把解决居民家庭住房问题纳入国家长期发展战略目标。1981年，韩国政府制订第二个住宅建设十年计划（1982—1991年），提出将在这十年内再建500万套居民住房的发展规划。

（2）采用公营方式征用住宅土地，降低住房建设成本

为了有效开发、供应居民住宅用地，韩国政府在1974年颁布了《土地金库法》，并于1979年成立韩国土地开发公社（Korea Land Development Corporation，简称为KLDC）。韩国土地开发公社以公营方式征用住宅土地，再将土地以低于市场价格的优惠价格出售给指定建筑商，从而降低居民住房建设成本。1980年，韩国政府颁布《宅地开发促进法》，明确规定住房建设中宅地的取得、开发、供应及管理方式，以保证并规范宅地的供应。

（3）成立国民住宅基金，加大对公共租赁住房和小型商品房的支持

1981年，韩国政府设立国民住宅基金（National Housing Fund，简称为NHF），为公共住房开发机构和指定建筑商提供低息贷款等金融支持，支持公共租赁住房和85平方米以下小户型商品房的建设。

在这一时期，住房政策的重点是解决迫切的住房需求，韩国政府重点鼓励建设中小户型住房。1981年，政府出台"关于小户型住宅建设义务比率"的政策，要求在商品房建设中60平方米以下的中小户型住房占比不得低于50%；1988年实施的《200万套住房建设计划》对中小户型住房的建设数量也提出明确要求，85平方米以下的中小户型住房必须达到150万套，其中50平方米以下的廉租房为50万套，40—60平方米的小户型商品房为40万套。

（4）提出住房认购储蓄制度，弥补住房建设资金不足

1978年，韩国政府建立了一项独特的住房金融制度——住房认购储蓄制度（Housing Contractual Subscription System）。

该制度要求购房者无论是购买公共住宅还是私人住房，都需要先在银行开设专门的认购储蓄账户，然后按月或一次性存入足额的购房储蓄金。住房认购储蓄分为两种：一种是居民家庭一次性存入相应的款项，12个月后可获得购房第二优先权，24个月后获得第一优先权；另一种是按月分期存款的居民家庭，在存满12个月后可获得购房第二优先权，24个月后获得购房第一优先权。每个家庭只能开立唯一的认购住房储蓄账户，住房的交易和登记都必须通过此账

户进行。政府根据住房储蓄账户的缴纳金额、年限和其他条件决定购房者的优先顺序。因此，虽然住房储蓄存款的利率远低于商业银行的存款利率，但其持有者可以获得低于市场价的公共住房购买权。

经过韩国政府十几年的努力，到20世纪70年代，韩国居民住房短缺的困境有所缓解。但是由于人口快速增加，城市化率迅速提升和人口空间分布过度集中于首都城市圈等中心城市，1988年之前韩国的住房普及率（即套户比）仍然处于持续走低的状态，同时政府也没有完成预定的住房建设计划（见表6-1）。在1972—1986年的三个五年计划中，住房规划实施率分别为91.3%、88.6%和80.7%。住房短缺问题的加剧导致韩国房价出现持续大幅上涨。

表6-1 韩国住房建设规划完成情况（1972—1986年）

年份	建设规划住房（套）			实际建成住房（套）			住房规划实施率（%）		
	总体	公共部门	私有部门	总体	公共部门	私有部门	总体	公共部门	私有部门
1972—1976	833 000	250 400	582 600	760 591	228 766	531 825	91.3	91.4	91.3
1977—1981	1 260 000	477 000	783 000	1 116 074	496 378	620 696	88.6	103.9	79.3
1982—1986	1 431 000	618 000	813 000	1 155 071	549 344	605 727	80.7	88.9	74.5

资料来源：《韩国住房与城市统计年鉴（2005年）》

为了治理过热的房地产市场，20世纪70年代末韩国政府住房政策重心逐渐从增加住房供给转向抑制房价上涨，并推出了一系列政策组合对过高的房价加以调控。1977年，政府出台《商品房限价政策》规定20套以上的新建住房需要由政府按一定标准统一定价，并向参与购房储蓄存款的住户分配；政府定价的标准一般是相应市场价的 30%—50%。1978 年，韩国政府出台《为调控房地产投机及稳定地价的综合措施》（又称"88 措施"），将全国土地交易的资本利得税从 30% 上调到 50%；对未登记的土地交易征收 100% 的资本利得税；对地价暴涨地区实行土地交易申报制；对拥有 3 套以上住宅的居民转让房产收取 60% 的高额转让税；"88 措施"还规定至少 40% 住房开发用地应用于建设 85 平方米以下小户型住房。在这些严格的房地产调控政策作用下，韩国过热的房地产市场得到了控制。

3. 第三阶段：提高住房普及率，发展公共租赁住房（1988—1997 年）

由于韩国的住房普及率持续走低，加之中低收入家庭居住条件非常窘迫，一些居民家庭迫切需要改善居住环境。因此在这一阶段，韩国政府在居民住房方面的主要任务是继续增加居民住房供应数量，提高居民家庭住房普及率。

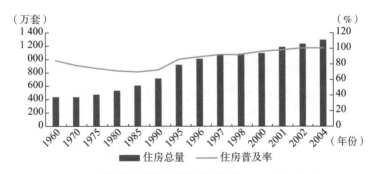

图 6-7　韩国住房总量及住房普及率（1960—2004 年）

资料来源：韩国统计局

为了达到这一政策目标，韩国政府采取了一系列措施促进居民住房市场的快速发展。

（1）政府大力建设公共住房，提高住房普及率

1988年，韩国政府提出200万户住宅建设计划（1988—1992年）。根据这一计划，韩国将在5年内建设200万套住房，其中由政府部门出资建设90万套小户型公租房，民间机构参与建设110万套住房，以争取在1992年实现居民家庭住房普及率达到72.9%的目标。该计划首次将住宅供给对象按照收入划分为10级，并归为5种类型：

- 1级是贫民家庭；
- 2—4级是低收入家庭；
- 5级为准中产化家庭；
- 6—7级为中产家庭；
- 8—10级为中产以上家庭。

其中，1—4级人群可以获得政府提供的各种住房补贴，同时可以从国民住宅基金中获得所需建设资金的60%—70%，以建造小户型住房；5级及以上家庭主要依靠自身的收入解决住房问题。

在这一计划的推动下，1988—1992年这5年间，韩国共建造272万套住房，超出36%完成计划建设目标，同时建成首都圈第一期的5个新开发区。韩国"200万户住宅建设计划"情况见表6-2。

表 6-2 200 万户住宅建设计划

分类	最低收入阶层	低收入和中等偏低收入阶层		中等收入阶层	高收入阶层
月收入水平	383 美元以下	383—833 美元		833—1 333 美元	1 333 美元以上
住房类型	永久租赁房	长期租赁房	小户型公共住房	中户型商品房	中户型商品房
面积	23—30 平方米	33—50 平方米	40—60 平方米	60—85 平方米	85 平方米以上
建设规模	25 万套	25 万套	40 万套	60 万套	50 万套
建设资金	政府 85%，租房保证金 15%	住宅基金 70%，租房保证金 30%	住宅基金 60%，购房者负担 40%	企业自筹 50%，购房者负担 50%	购房者负担 100%

资料来源：姜大植所写的《万户住宅政策的波及效果及今后政策方向》

同年，韩国政府提出第一个公共租赁住房建设计划——20 万户永久租赁住房计划。该计划是为生活在首尔棚户区的最低收入家庭和 1983—1988 年城市再开发过程中的搬迁户提供远低于市场租金的租赁住房。1988—1992 年，韩国政府累计建设 19 万套永久租赁住房。

1993 年韩国政府提出新经济五年计划（1993—1997 年）。该计划提出每年建设居民住房 50 万套，同时推出五十年公共租赁住房计划替换永久租赁住房计划。在永久租赁住房计划中，政府需要负担公共租赁住房 85% 的建设费用；而在五十年公共租赁住房计划中，政府承当的比例下调到 50%，另外由国民住宅基金负担公共租赁住房建设成本的 20%，入住者负担剩余的 30%。五十年公共租赁住房计划明显减轻了韩国政府的财政负担。

在五十年公共租赁住房计划中，韩国政府计划新建公共租赁房屋 285 万套，实际上完成建设公共租赁住房 312 万套，超额 10%

完成了既定的规划目标。

1987—1996年韩国住房建设规划完成情况见表6-3。

表6-3 韩国住房建设规划完成情况（1987—1996年）

年份	建设规划住房（套）			实际建成住房（套）			住房规划实施率（%）		
	总体	公共部门	私有部门	总体	公共部门	私有部门	总体	公共部门	私有部门
1987—1991	2 027 000	803 700	1 223 300	2 386 491	877 101	1 509 390	117.7	109.1	123.4
1992—1996	2 715 000	1 065 000	1 650 000	3 104 854	1 148 940	1 955 914	114.4	107.9	118.5

资料来源：《韩国住房与城市统计年鉴（2005年）》

（2）修改住宅租赁法，促进房屋租赁产业健康发展

1993年，韩国政府修订了《租赁住宅建设促进法》，制定了《租赁住宅法》。新的租赁法规改变了过去只针对低收入家庭提供公共租赁住房的政策，开始为中等收入家庭提供公共租赁住房。在这一法规中，将公共租赁住房细分为建设型和购买型两类，并进一步规范房屋租赁市场规则。《租赁住宅法》的内容包括规定从1994年开始拥有5户以上的租赁住房的人可以注册成为租赁事业者；如果一次性签订10年以上租赁期，可免收购房需要缴纳的住房转让税；制定政策强化租赁住宅管理和对承租人权益的保护，以促进公共租赁住房的发展。

（3）放松对房地产市场的管制，加大对住房建设的金融支持

1988年，韩国政府引入成本联动制。成本联动制规定应根据地价、建设成本等制定指导性房价。这一政策在一定程度上放松了20世纪70年代末对商品房的限价措施。同年，韩国政府设立韩国住房

贷款担保基金，帮助中低收入居民家庭在无须抵押担保情况下获得国民住宅基金贷款。韩国住房贷款担保基金的资本金主要来自政府、金融机构、担保手续费收入和基金自身投资收入等。为了控制风险，最高担保金额不得超过韩国住房贷款担保基金资本金的 30 倍。2004 年，韩国住房贷款担保基金正式并入韩国住房金融公司。

这一阶段韩国居民住房建设规模大幅增长，超额完成了此前设定的目标。1987—1996 的两个五年计划期间，住房规划实施率分别达到了 117.7% 和 114.4%，居民的住房短缺问题在这一时期也得到了实质性改善。1988 年起韩国的家庭住房普及率明显上升，到 1997 年韩国居民家庭的住房普及率已经超过 90%（如图 6-8）。

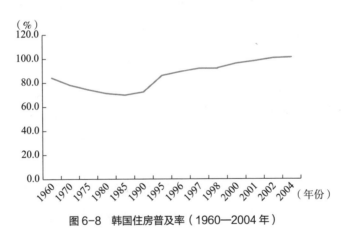

图 6-8　韩国住房普及率（1960—2004 年）

资料来源：韩国统计局

4. 第四阶段：建设国民租赁住房，推行住房资产证券化（1998 年至今）

1997 年，东南亚金融危机迅速蔓延到韩国。到 1997 年底，韩国也爆发了严重的金融危机。1997年11月，韩宝、起亚等大型财团先后宣布破产，外汇市场发生剧烈动荡。韩元兑美元汇率从11月初的921韩元兑1美元迅速贬值到12月底的1 484韩元兑1美元，贬值幅度达到61%。1997年12月24日当日，韩元甚至贬值到1964韩元兑1美元，最大贬值幅度达到113%（如图6-9）。

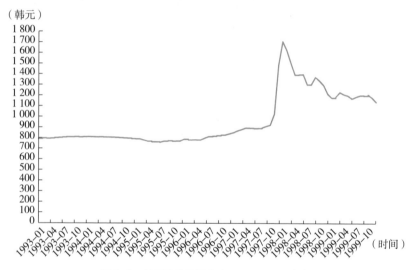

图6-9 韩元兑美元汇率（1993—1999年）

1997年第四季度，韩国股票指数（KOSPI）从647.11点跌落至376.31点，跌幅达41.8%。1997年11月末，韩国外汇储备减少到244亿美元，可用外汇储备只有72.6亿美元。受金融危机的冲击，韩国的房地产市场也发生了剧烈的动荡。

从韩国政府对于房地产市场的政策变化看，这一阶段又可以细分为三个子阶段。第一阶段（1998—2008年）是韩国房地产市场的恢复调整时期；第二阶段（2008—2014年）是韩国房地产市场相对低迷时期；第三阶段（2014年至今）是韩国房地产再度过热时期。

（1）韩国房地产市场的恢复调整阶段（1998—2008年）

1997年亚洲金融危机给韩国经济造成沉重打击。1998年，韩国GDP降幅达到32.6%。虽然之后两年韩国经济快速复苏，但是直到2002年韩国GDP才再次触到1996年的高点。在这一期间，韩国经济的不景气直接造成韩国失业率上升、居民家庭收入下降，韩国的房地产市场也随之陷入低谷。仅1998年韩国房价跌幅就超过12%，房屋租赁价格跌幅更是达到18%。

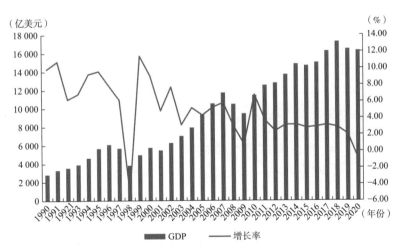

图6-10 韩国GDP总量及增长率（1990—2020年）

资料来源：韩国统计局

一方面为了避免重蹈日本经济泡沫破灭后陷入长期低迷的覆辙，另一方面也为了缓解金融危机给大量无房家庭带来的冲击，1998年后韩国政府陆续出台一系列政策刺激房地产市场发展。

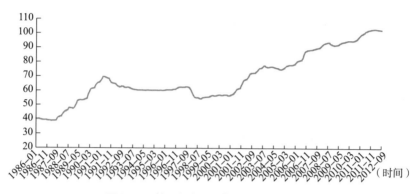

图 6-11 韩国房价指数（1986—2012 年）

资料来源：韩国统计局

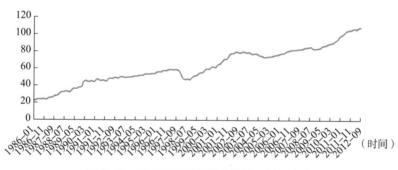

图 6-12 韩国租赁价格指数（1986—2012 年）

资料来源：韩国统计局

① 扩大公共租赁住房供应，修改法律保护租房者利益

1998 年，韩国政府通过增加财政补贴和加大国民住宅基金投入，发力建设国民租赁住房。起初，韩国政府提出了到 2003 年建设 5 万套国民租赁住房的目标。但是，由于当时房租价格暴涨，申请国民租赁住房人数激增，政府将该项目的建设目标进一步上调至建设 100 万套国民租赁住房。

2003 年，韩国政府继续扩大国民租赁住房建设计划。提出在

2003—2012年再建造150万套公租房（其中包括100万套租期为30年国民租赁住房和50万套租期为10年的公共租赁住房）的目标。

2007年，韩国政府再度扩大该计划的建设目标，将公共租赁住房建设数量从2006年的80万套增加到2017年的340万套，将公共租赁住房占居民住房总量的比重从6%上升到20%。为实现这一目标，韩国政府专门成立了国家租房发展基金（Rental Housing Fund）。2019年，国家租房发展基金计划已累计筹款91万亿韩元，能够保证每年50万套公共租赁住房的建设资金需求。2007—2019年，韩国累计建设公共住房332.9万套，在很大程度上满足了民众的住房需求（如图6-13）。

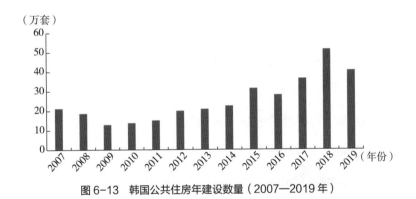

图6-13 韩国公共住房年建设数量（2007—2019年）

资料来源：韩国国土交通部

在大规模建设公共租赁住房的同时，韩国政府不断修改完善租赁法，维护承租人的合理权益。2000年。韩国政府修订已有的《租赁住宅法》，规定租赁事业者可以参与租房协议的管理、设备的维护维修、设置租赁住房纠纷调整委员会等。2007年出台《公司破产中租赁住宅承租方特别保护法》，制定了有关承租方的租金保护和居住稳定的措施。

② 实施金融和税制优惠，放松对房地产的管制

为了推动房地产市场发展，1998年韩国政府开始推出一系列房地产市场放松管制政策：逐步减免住房转让所得税、取得税、登记税等；废止"小户型住宅建设义务比率"；取消商品房价格出售价格上限，房屋价格全面自由化；放松对于外国人拥有韩国房地产的限制。

2000年，韩国政府开始允许商业银行办理住宅金融业务，使得此前高度垄断的住房金融市场出现激烈竞争。大部分银行将个人抵押贷款的期限放宽至30年以上，并取消了对于住房抵押贷款的额度限制。

③ 推进住房抵押贷款资产证券化，进一步盘活住房抵押贷款一级市场

1997年，韩国政府通过《有效处理金融机构不良资产及成立韩国资产管理公司的法案》，并成立了韩国资产管理公司（Korea Asset Management Corporation，简称为KAMCO）。1998年9月，政府通过《资产流动化法》，允许金融机构出售不良资产，并发行ABS。

1999年10月，根据《住宅抵押贷款证券化公司法》，政府成立了韩国住宅抵押贷款证券化公司（Korea Mortgage Corporation）。2001年，该公司发行了第一单住宅抵押贷款资产证券化产品。2004年3月，韩国住宅抵押贷款证券化公司和1988年成立的韩国住房

贷款担保基金合并成立韩国住房金融公社。这是韩国住房金融发展史上的里程碑，标志着韩国正式开始了住房抵押贷款资产证券化进程。

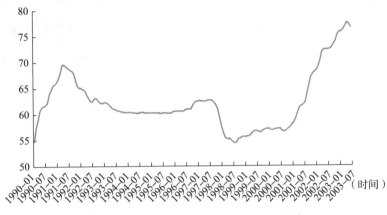

图 6-14　韩国房价指数（1990 年—2003 年）

资料来源：韩国统计局

在一系列刺激政策的推动下，韩国的房地产市场迅速复苏。1999—2002 年，韩国居民家庭住房普及率从 1997 年的 90% 迅速提高到 100.6%，全国房价指数也从 1998 年的 54 点快速上涨至 75 点，涨幅接近 40%（如图 6-14），尤其是首尔及京畿道都市圈房地产市场的涨幅更是惊人。2000 年 1 月至 2005 年 6 月五年半的时间内，首都圈公寓的平均售价上涨了 2.8 倍，而同期韩国 GDP 累计增长率仅为 62%。

由于房地产出现过热，2005 年韩国政府开始调整房地产市场，再度实施房地产调控政策。

首先，政府出台房地产相关税收政策。2005 年，韩国政府出台综合不动产税，目的是打击持有多套房的投机现象，抑制对大型、高档型住宅的需求。综合不动产税的税率为1%—3%，实行累进税率，房产价格越高，持有税率越高，征收对象主要是房产总价值超过6亿韩元的家庭；出售第二套以上房产的卖主，在转让交易过程中，需缴纳30%的资本收益税，2007年起这一税率提高到了60%；对拥有两处以上住宅者及非商业用土地按50%的单一税率课征房产转让税；在持有税改革方面，全面改革房地产价格公示制度，对高价房地产的所有人提高房产持有税。

其次，为了抑制房地产市场价格过快上涨和房地产投机行为，韩国政府出台《宅地所有上限法》和《土地超过得利税法》。根据《宅地所有上限法》，土地所有人设定最高限额面积（城市私人占地面积上限为660平方米）。《土地超过得利税法》规定，提高资本利得税以打击投机行为，韩国政府还根据土地成本、标准建筑成本和企业利润，设定了新建住房的价格管制上限，挤压开发利润，对房价进行价格管制。

再次，在金融机构住房贷款方面，规定贷款额度不能超过市场实际房价的40%。为了减轻普通工薪阶层的购房压力，将面向普通市民的住宅金融公社的长期抵押贷款利率下调了0.15%。

最后，加快公共宅地住宅建设，加速居民住房供应，解决普通居民无力购房的燃眉之急。为缓解首都圈居民住房严重不足的问题，加快新建卫星城。新建卫星城的规划和开发也由政府主导。在建设卫星城之前，韩国政府征收了大量土地，后交由国企负责土地一级开发，有效减少了房地产投机行为。

（2）韩国房地产市场相对低迷阶段（2008—2014年）

受2008年全球金融危机的冲击，韩国经济陷入持续低迷。2008年美国金融危机爆发后，韩国的金融体系也受到了巨大的冲击。韩元急剧贬值，贬值幅度达到57%；股票市场大幅下跌，KOSPI指数下跌达到53%；外汇储备急剧减少；外资快速逃离。一时间韩国经济似乎再度滑向金融危机的边缘。

韩国房地产市场也受到了沉重打击。一方面，金融危机的冲击使得企业和居民家庭的财务状况恶化，对房地产的需求快速下降；另一方面，由于金融危机之前很多家庭、企业公司过度投资于房地产市场，随着房地产市场的冷却，这些家庭和企业的资产负债表迅速恶化，无力再进行房地产投资。

在李明博执政期间，韩国政府为了迅速摆脱金融危机的冲击再次实施了一系列的房地产推动政策。2013年4月，韩国政府为了刺激房地产市场迅速恢复，推出多达46项的楼市振兴政策。主要内容具体为：2013年，对购买首套住房的，免征2.2%的房产购置税；购买9亿韩元以下的新楼盘，或者85平方米以下不高于9亿韩元的二手房，五年内免征转让所得税；如果购房者的家庭年收入在6 000万韩元以下，购房面积在85平方米以下且房价低于6亿韩元，将享受免购置税的优惠；取消多套房高达50%—60%的转让所得税。在这些政策的推动下，韩国房地产市场逐步恢复。

（3）韩国房地产再度过热阶段（2014年至今）

2014年后，韩国房地产市场再度陷入过热的状态。房价迅速上涨，尤其是首尔都市圈。由于首尔的房价远远超出了普通家庭的购买能力，很多年轻人选择在其周边置业。2015—2020年，首尔累计有341.44万人移居到周边城市，平均每年迁出57万人，其中46%为20—30岁的年轻人。而京畿道河南、金浦、华城、始兴等首尔周边城市人口开始迅速增加。京畿道河南市在这6年间人口增加了92.8%，华城市的人口增加了55.5%，金浦市的人口增加了45%，始兴市的人口增加了33.8%，光州市的人口增加了32.4%。

1986—2020年韩国房价指数情况见图6-15。

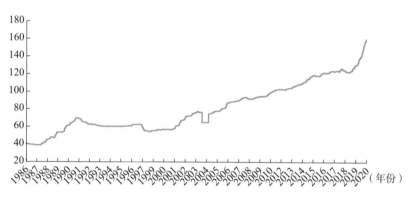

图6-15 韩国房价指数（1986—2020年）

资料来源：韩国统计局

在这一轮的房地产市场上涨中，房地产投机行为非常泛滥，导致韩国住房持有者结构更加不合理。截至2020年底，韩国房产持有人为1 469.7万人，其中拥有多套房产的人数为232万人，较2017年增加20万人。与此同时，无房产家庭数量由2017年的867.4万户上升至2020年的919.9万户，增加了52.5万户。这说明因大量的有房家庭追加了房地产投资，导致房价上涨，使得更多的无房家庭难以承受。

2020年，韩国政府迫于社会压力，开始调控过热的房地产市场。推出的具体措施包括：对多套房持有者征收高额综合不动产税，并且实施超额累进税率，最高一档税率达到6%；购置税率也上调至12%；若多套房持有者在调控地区销售房产，在现行税率基础上加收10个百分点的房产转让税，其中适用于两套房持有者的税率为20%，三套房持有者为30%（见表6-4）。同时，增加政府公租房的供应，降低公租房申请门槛，减轻刚需购房者和新婚夫妇购买首套房的税负。

表6-4 近年韩国综合房产税税率调整情况　　　　（单位：%）

征收对象	两套以下 (不包含重点调控地区 两套持有者)		三套以上 (包含重点调控地区 两套持有者)		
	2019年	2020年	2019年	2020年	2021年
3亿韩元以下	0.5	0.6	0.6	0.8	1.2
3亿~6亿韩元	0.7	0.8	0.9	1.2	1.6
6亿~12亿韩元	1.0	1.2	1.3	1.6	2.2
12亿~50亿韩元	1.4	1.6	1.8	2.0	3.6
50亿~94亿韩元	2.0	2.2	2.5	3.0	5.0
94亿韩元以上	2.7	3.0	3.2	4.0	6.0

资料来源：韩国企划财政部

近年来，韩国政府一直积极推动居民住房建设，居民住房数量保持稳定增长。截至2018年底，韩国居民家庭住房的套户比已经达到104.2。因此，从居民住房总量上看，已经实现了供需均衡，但住房的地区结构和持有人结构上仍存在比较严重的失衡问题（如

图 6-16 和图 6-17）。

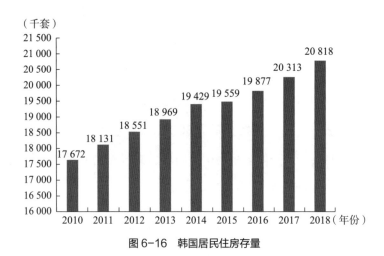

图 6-16 韩国居民住房存量

资料来源：韩国统计局

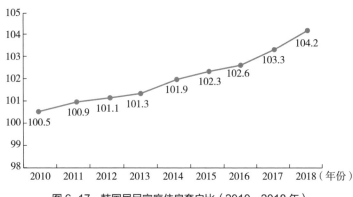

图 6-17 韩国居民家庭住房套户比（2010—2018 年）

资料来源：韩国统计局

二、韩国现行公共住房体系

截至 2019 年，韩国总人口为 4 900 万，国土面积为 99 678 平方公里。其中林地面积为 64 731 平方公里，占国土面积的 65%；可开发使用的建筑用地面积大约为 2 574 平方公里，不足国土面积的 3%（如图 6-18）。因此，韩国的人口密度极高，这就使得韩国的土地稀缺性较高。另外，韩国经济和产业高度集中于由首尔、仁川、京畿道、牙山市、天安市和春川市组成的韩国首都圈，经济的聚集导致人口的集中，韩国首都圈的人口数量为 2 571 万人，占韩国总人口的 49.8%。

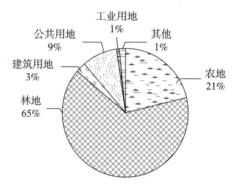

图 6-18　韩国各类型土地面积占比

资料来源：韩国建设交通部

按照房屋用途分类，韩国现行住房体系分为自有住房和租赁住房两大类。截至 2019 年，韩国全部居民住房存量为 1 812.7 万套，其中自有住房约为 1 051 万套，占全部居民住房存量的 58%；租赁住房为 761.7 万套，占全部居民住房存量的 42%。2014 年以来，韩国的自有住房占比稳中有升，而租赁住房占比则出现小幅下降。2006—2019 年韩国自有住房和租赁住房占比情况如图 6-19。

图 6-19 韩国自有住房和租赁住房占比情况（2006—2019 年）

资料来源：韩国统计局

按照楼房的所有权性质分类，韩国现行住房可分为国家/公众持有、私人持有、公司持有和其他四大类。2019 年韩国全部楼房为 724.3 万栋，其中私人持有 570 万栋，占比约为 78.7%；公司持有 49.9 万栋，占比约为 6.9%；国家/公众持有 20.3 万栋，占比为 2.8%；其他建筑为 84.2 万栋，占比约为 11.6%（如图 6-20）。2009 年以来四大类型住房的占比基本保持稳定。

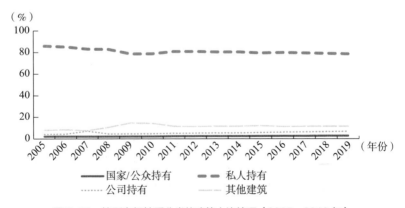

图 6-20 按所有权性质分类的建筑占比情况（2005—2019 年）

资料来源：韩国统计局

韩国的公共住房按照供应模式可以分为出租型（即公共租赁住房）、出售型（即小型商品住房）和租售混合型三类（如图6-21）。韩国政府按居民家庭的收入水平、家庭状况和居住状况，实施不同的公共住房政策，采取预申请的方式进行公共住房分配。政府在分配之前会提前公示公共住房的设计图、规模、总套数及暂定出售价格和租金，其中80%在网上接受预申请，20%在开盘日申请。预申请的方式利于政府有效掌握需求家庭的情况，并调整公共住房的供给方式、建设区位及各类住房的建设规模。

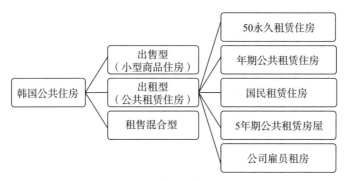

图6-21 韩国公共住房分类

1. 公共租赁住房

1984年《租赁住宅建设促进法》颁布至今的三十多年间，韩国的公共租赁住房逐渐形成了一套完整、周密的管理体系。目前韩国，公共租赁住房存量大约为84万套，占韩国住房市场存量的5.5%左右。主要包括以下几种类型：

（1）永久租赁住房

永久租赁住房最早出现在1988年，是专门针对按韩国生活保障法定义的城市最低收入贫困居民而建造的非营利性住房。对于申请的居民家庭资格审查非常严格，租赁对象仅限于家庭收入为所在城市居民家庭月均收入最低 10% 的那部分无房家庭以及部分城市再开发过程中的搬迁户、烈士家属等。目前韩国的永久租赁住房大约为 19 万套，占全部公共租赁房供给总量的 22.6%。

永久租赁住房的建筑面积一般不超过 45 平方米，承租家庭可以永久性租赁，所承担的租金仅为市场价格的 15%。永久租赁住房主要靠中央政府、地方政府预算或"国民住宅基金"投资建设。政府投资一般占永久租赁住房建设成本的 85%，其余 15% 由承租家庭和大韩住宅公社共同承担。

（2）50 年期公共租赁住房

50 年期公共租赁房屋最早出现在 1992 年，是为城市低保户、拆迁户和无房残疾人所设计、建造的公共租赁住房，租赁期限为 50 年。与永久租赁住房类似，50 年期公共租赁房也是由中央政府、地方政府预算或通过"国民住宅基金"建设。50 年期公共租赁房屋的建筑面积不超过 60 平方米，租金为市场价格的 30%。在 50 年期公共租赁房屋的建设中，大韩住宅公社、地方政府、城市再开发建设占比分别为 26%、20% 和 51%。

由于永久租赁住房和 50 年期公共租赁房屋的支出压力较大，韩国政府从 20 世纪 90 年代开始不再新建永久租赁住房和 50 年期公共租赁房屋。目前，韩国 50 年期公共租赁房屋存量约为 10 万套，占全部公共租赁房供给总量的 11.9%。

（3）国民租赁住房

国民租赁住房在公共租赁住房中占比最高，是目前韩国最主要的公共租赁住房。国民租赁住房始于1998年提出的100万户国民租赁住房建设计划，大约95%的国民租赁住房是由大韩住宅公社投资建造的。目前，韩国国民租赁住房存量大约为36.4万套，占全部公共租赁房供给总量的43.3%。

按照韩国建设交通部规定的居民家庭最低居住标准，国民租赁住房的最小居住面积为37平方米，以40—60平方米的小户型居民住宅为主，60—85平方米的居民住宅为辅；租赁期多为30年以上；租赁对象为前一年家庭收入为所在城市居民家庭月均收入最低的50%—70%的无房家庭；申请家庭必须参与住房认购储蓄，同时必须满足一些特定的分配规则，如赡养65岁以上父母达到1年以上的家庭可优先分配等；租金一般为市场价格的50%—80%。

国民租赁住房的建设资金的40%—50%来自国民住宅基金，国家财政、入住者、大韩建筑公社占比分别为10%—40%、10%—30%和10%。

（4）五年期公共租赁房屋

五年期公共租赁房屋是为低收入无房户提供的短期公共租赁住房，租赁家庭必须参与住房认购储蓄。目前，韩国五年期公共租赁房屋存量约为15.6万套，占全部公共租赁房供给总量的18.5%。

五年期公共租赁房屋由公共部门和私人部门共同投资建设，其中私人部门投资建设占比超过80%，大韩住宅公社和地方政府投资建设占比仅为20%。五年期公共租赁房屋的建筑面积以60平方米为主，租期为5年；租期结束后，租户可以依靠住房储蓄和政府提供的其他金融支持，优先购买该住房的产权；没有购买能力的租户，退租后只能去寻找更便宜的住宅。五年期公共租赁房屋的租转售比例很低，目前大约为7.6%，大部分租户5年期满后，往往因为缺乏购买能力而放弃购买。

（5）公司雇员租房

公司雇员租房是1990年出现的一种新的公共租赁住房类型。是由私人部门开发的、专门为受雇于5人及以上公司的无房雇员建造的短期公共租赁住房。由雇员所在公司以优惠价格购买并向本公司的雇员出租。公司雇员租房的建筑面积以60平方米为主。目前韩国公司雇员租房存量约为3.2万套，占全部公共租赁房供给总量的3.6%。

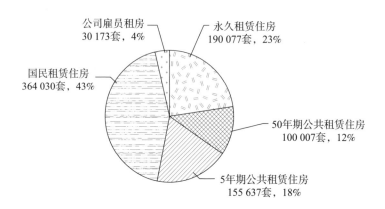

表6-22　2007年韩国各类型公共租赁住房存量占比

资料来源：韩国统计局

2. 小型商品住房

小型商品住房，指针对具有一定购买力的、中低收入居民家庭而建设的小户型公共住房。

小型商品住房的建筑面积一般在 85 平方米以下；售价通常为市场价格的 50%—70%；小型商品住房建设资金全部来自国民住宅基金。小户型商品住房主要提供给两类家庭：一类是获得国家功勋奖等政府推荐人员、拥有 3 个 20 周岁以下子女的家庭、婚姻 5 年以内有孩子的新婚夫妇、与已婚或未婚子女同住的首次购房者等特定人群；另一类是赡养超过 65 周岁的父母 3 年以上、参与购房储蓄存款满足第一等级的普通住房认购储蓄户。

政府针对购买小型商品住房的家庭，给予多方位的低息购房贷款补贴。具体为年收入低于 300 万韩元的无房家庭，此类家庭购买房产时需符合下述条件：

- 购买建筑面积 85 平方米以下的公共租赁住房时，可申请年利率 7.75%—9%、总额不超过 6 000 万韩元的贷款；
- 购买 85 平方米以下的新建商品房，可申请年利率为 8.5%、总额在 3 000 万—5 000 万韩元的贷款；
- 若购买 60 平方米以下住房，可申请年利率为 8.5%、总房价 70% 的贷款。

3. 租售混合型住房

近年来，韩国新兴的持股型公共租赁住宅。承租者无须缴纳房租，而是分期缴纳房款，缴款期限一般为10年。

付款方式一般为：

- 入住时承租方缴纳总房价的30%；
- 第四年承租方再次缴纳总房价的20%以及第1—4年的利息；
- 第8年承租方再次缴纳房价的20%以及第5—8年的利息；
- 第10年承租方缴纳剩余的30%房价以及第9—10年的利息。
- 在10年内，承租方无须支付租金，以支付剩余房款的利息作为月租金。如果承租者中途退租，则出租方将按照事先确定的标准在扣除月租金后，返还承租者已经缴纳的房款。

4. 韩国公共住房建设机构

韩国公共住房主要由大韩住宅公社和民间机构共同投资建设。其中五年期公共租赁房屋和公司雇员租房主要由民间资本投资建设；永久租赁住房、五十年期公共租赁房屋和国民租赁住房，主要由大韩住宅公社建设。

大韩住宅公社和民间机构的住房建设资金80%以上来自国民住宅基金和韩国住宅银行。大韩住宅公社创建于1962年，隶属于韩国建设交通部。作为国有企业，大韩住宅公社负责公共住宅建设和城市再开发等工作。1962—1996年的三十多年间，大韩住宅公社累计建设了94万套公共住房，占韩国长期公共住房建设总量的94%以及短期公共住房建设总量的37.5%。

大韩住宅公社的开发资金主要来自国民住宅基金（主要是Ⅰ型国民住宅债券）、商业利润（融通资金回收、贷款利息收入）和企业债券等。其中国民住宅基金和商业利润是主要资金来源（如图6-23）。

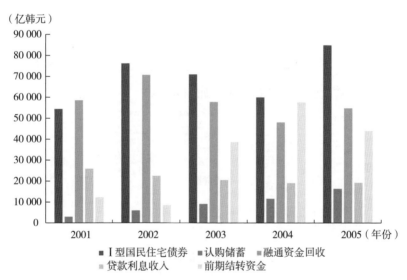

图6-23　大韩住宅公社的开发资金来源（2001—2005年）

资料来源：韩国统计局

5. 韩国住房管理机构

韩国对居民住房市场实行严格的政府管理。目前主要的政府住房管理机构是国家住房政策审议委员会和国土交通部。二者的职能和分工不同。国家住房政策审议委员会主要负责制定国家住房发展规划,同时审批全国住房建设计划,并传达给国土建设部;国土交通部主要负责制订公路、航空运输及国土开发计划;制订城市、道路、港湾和住宅的综合建设计划;制订国民住宅基金运行计划等。该部下设韩国住宅公社和大韩土地开发公社等机构。

三、韩国现行住房金融体系及运作模式

韩国现行的住房金融体系分为一级市场和二级市场两部分。其中,一级市场主要提供各种形式的住房抵押贷款;二级市场主要是住房抵押贷款资产证券化市场(如图6-24)。

图6-24 韩国住房金融基本运作模式

1.韩国住房金融一级市场

韩国的住房金融一级市场的主要参与机构包括专业住宅金融机构、国民住宅基金、商业银行和住宅年金等。

（1）专业住宅金融机构

专业住宅金融机构主要是韩国住宅银行（Korea Housing Bank）。

该银行成立于1967年，2001年与韩国国民银行合并同时实施私有化后，统称作韩国国民银行。

韩国住宅银行是专门办理住房金融以及筹措和管理居民住房资金的专业住宅金融机构。主要业务是通过住房认购储蓄、一般性储蓄以及在资本市场发行短期住房债券的方式筹集资金，然后向企业和居民提供低于市场利率的政策性住房贷款。2008年前国民住宅基金的管理职能由韩国住宅银行负责，2008年后该项业务转移到友利银行，韩国住宅银行承担现有账户的管理工作。

在与韩国国民银行合并前，韩国住宅银行除了管理国民住宅基金，还向中高收入群体提供10—20年的商业住房抵押贷款。普通居民的住房抵押贷款额度一般不能超过房屋价值的30%，银行需要根据申请者的家庭收入和工作等情况对借款人的信用进行打分。两家银行合并之后，大大放宽住房抵押贷款的额度，同时按揭贷款产品也更加丰富（见表6-5）。

表6-5　韩国住宅银行提供的购房优惠贷款（2000年）

贷款种类	韩国住宅银行购房贷款	国民银行国民住宅担保长期贷款
贷款金额	买卖价格90%和担保评价额中较少金额以内	在担保评价额范围以内
贷款期限	3年期满后可继续贷款，贷款期限最长为33年	3年以上，30年以内
偿还方式	一次性偿还	贷款期间本金和利息分期偿还
贷款利息	前3年：年利息为9.5% 期满后再贷款：5年以内为10.75%；10年以内为11%；15年以内为11.25%；超过15年为11.5%	5年以内：基准利率+0.5% 5年以上：基准利率+1%

资料来源：金钟范所写的《韩国城市发展政策》。

(2) 国民住宅基金

1981年，韩国政府根据《住宅建设促进法》设立了国民住宅基金，以加大中小型住宅的供应和消费。国民住宅基金主要向住宅开发商和低收入家庭提供低于市场利息的政策性贷款。国民住宅基金不仅可用于支持开发商进行公共住宅建设开发，还可用于支持中低收入家庭购买、租赁公共住房。2001年以来韩国的国民住宅基金规模逐年上升，2020年已经达到176万亿韩元。

国民住宅基金的资金来源主要为发行国民住宅债券、住房认购储蓄、住宅彩票、贷款利息收入等。国民住宅基金由国土海洋部负责管理，具体贷款事宜由韩国住宅银行负责。2001年韩国住宅银行实行私有化之后，国民住宅基金管理机构变更为友利银行。其主要业务由友利银行在全国范围内进行再委托，具体业务最终由农协组织、新韩银行、韩亚银行和中小企业银行四家金融机构办理。在每月20日之前，受托金融机构向国土海洋部报告基金运行情况；每年2月，国土海洋部提交国民住宅基金的报告。

国民住宅债券是为了提供国民住宅建设所需资金而发行的国家债券。由于债券息票率很低，一般由政府强制购买。包括Ⅰ型国民住宅债券和Ⅱ型国民住宅债券两种，这两类国民住宅债券的强制购买条件有所区别。Ⅰ型国民住宅债券主要在以下两种情况下强制购买：不动产、汽车、船舶等需要政府部门给予等级确认的物品的购买者必须按照物品价格的一定比例购买；与政府签订房地产开发建设合同者，按照合同确认标的价值的一定比例购买。具体的购买比例可按照标的价值和当时经济形势进行动态调整。Ⅱ型国民住宅债券主要是为了缩小各个户型的房产销售价格和供应价格的差距而设计的。只有购买Ⅱ型国民住宅债券,才有资格购买政府限价的使用面积在85平方米以上的中大户型住宅;购买债券越多,获得优先购买住房的概率越大。

住房认购储蓄指韩国居民家庭为了将来购买住房,而要预先进行储蓄的制度,相应的资金也是国民住宅基金的主要来源之一。按照实施对象、储蓄金额和储蓄方式,购房储蓄存款可以分为认购储蓄、认购预付金、认购赋金三种基本类型。2009年后随着旧有的住房认购储蓄实施效果不断减弱,韩国政府重新推出新的综合住房认购储蓄。最大特点是取消了对申请购买的住房条件的限制,即可以申请认购所有住宅,这就大大扩展了参与住房认购储蓄的人群(见表6-6)。

表6-6 购房储蓄存款账户具体内容

类别	认购综合储蓄	认购储蓄	认购预约金	认购赋金
实施对象	无限制	无住房家庭	20岁以上成年人	20岁以上成年人
储蓄方式	按月储蓄、预约一定金额均可	按月储蓄	预付一定金额	按月储蓄
储蓄金额	2万—50万韩元	2万—10万韩元	200万—1 500万韩元(金额大小取决于所在地区和所购买的住宅规模)	5万—50万韩元
可申请购买住房	所有类型住房	85平方米以下公共住房	所有民营住房	85平方米以下民营住房
实施区域	全国	全国	市、郡(102个)	市、郡(102个)

资料来源:黄修民所写的《由韩国住房金融制度看中国公积金制度的改革和完善》

对于不同的借款人和不同的贷款用途，国民住宅基金所发放的住房贷款条件也有差异。例如，对大韩住宅公社提供的公共租赁住房开发贷款一般为20年期、固定利率为4%的长期优惠贷款；对私人房地产开发企业建设的公共租赁住房，一般提供的建设贷款期限为15年、固定利率为4%—5%的长期优惠贷款；对承租家庭提供长期押金租赁贷款（Jeonse Loan Guarantee），贷款期限一般为两年，到期后最多可延长两次，每次延长期也是两年。长期押租贷款，一般需要由韩国住房贷款担保基金提供担保。一旦借款人违约无法偿还，担保基金先从自己资产中提取资金进行全额赔付，之后再向借款人追索。具体贷款标准见表6-7。

表6-7　国民住宅基金主要贷款种类

使用面积	最高融资（万韩元）	年利息	融资期限
公共租赁住宅贷款（5—10年后出租后可出售）			
60平方米以下	5 500	3%	5—10年
60—85平方米	7 500	4%	
国民租赁住宅贷款（30年期只租不售）			
35平方米以下	2 583	3%	30年
35—45平方米	3 801	3%	
45—60平方米	5 465	3%	
出售住宅贷款			
60平方米以下	5 500	5%	3年（开发者）
60—75平方米	7 500	6%	20年（购房者）

资料来源：国民银行网站

在韩国，购买、租赁或者维修房屋都可以申请住房贷款担保基金的贷款担保。韩国住房贷款担保基金会通常会通过专业信用审查评分系统，根据 12 项指标对借款人的信用进行评分，根据评分结果将借款人分为 1—10 级。信用评分级数越低，表明借款人的信用越好；如果借款人的信用评分级数超过 7 级，就无法得到任何贷款担保。贷款担保手续费通常为担保贷款总额的 0.5%—1%。购买和维修房屋最高可申请 1 亿韩元的担保额度；租房最高可申请 8 000 万韩元。住房贷款担保基金会对中低收入家庭的租房贷款担保给予较多优惠。凡是 20 岁以上、带有抚养对象或者即将结婚的家庭，都可以申请押租贷款担保，不需要财产担保抵押。

2. 韩国住房金融二级市场

1997 年亚洲金融危机之后，韩国住房金融系统的风险问题被集中暴露出来，住房金融机构的资产不良率大幅升高。为了提高住房金融机构的资本充足率，韩国政府吸取金融危机带来的教训，开始积极推动发展住房抵押贷款资产证券化市场。

2004 年，根据韩国《住房金融公司法》，韩国抵押贷款公司和韩国住房贷款担保基金会合并成立韩国住房金融公司。该机构的成立是韩国住房金融二级市场发展的一个里程碑式事件。

韩国住房金融公司的主要业务模式，就是从一级市场的商业银行手里购买其所发放的长期固定利率住房抵押贷款，将这些资产打包后作为基础资产发行 MBS。韩国住房金融公司的 MBS 可以发行的最高上限是自身净资产 50 倍。通常韩国住房金融公司购买的住房抵押贷款剩余期限不能超过 20 年；住房抵押贷款剩余本金总额不能超过房价的70%。每一款MBS都要在韩国金融监管委员会登记,并由韩国金融监管委员会向投资者在线披露其贷款来源和结构,以保障投资者的合法权益。

韩国住房金融公司发行的MBS,分为优先级产品和次级产品两类。例如,一年期、两年期、三年期、五年期、七年期、十年期、十五年期和二十年期的优先产品;二十一年期的次级品种。不同期限的证券化产品又可以细分为固定利率和浮动利率两种类型。截至2020年底,韩国住房金融公司累计发行MBS达到2 855亿美元,存量规模为1 291亿美元。2020年新发行MBS规模为424亿美元(如图6-25)。

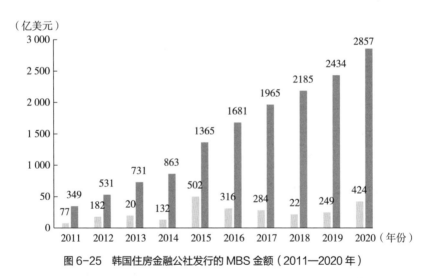

图6-25　韩国住房金融公社发行的MBS金额(2011—2020年)

资料来源:韩国住房金融公社年报(2020年)

目前韩国MBS的主要购买者为韩国商业银行,占资产证券化产品市场规模的43%；其次是保险公司和养老基金，占比分别是36%和12%；投资基金和证券公司也持有少量。其中韩国商业银行主要购买5—7年期的证券化产品；保险公司和养老基金的投资期限要长期一些，通常是5—15年期资产证券化产品；投资基金和证券公司主要持有的是3年期以下的短期证券化产品。

四、韩国住房金融制度对中国公积金制度改革的启示

由于经济发展和社会形态不同，韩国的公共住房体系和住房金融制度与美国、德国、日本存在很大的差异。无论是在房地产市场发展层面，还是在住房金融制度建设层面，韩国突出体现了政府的"强干预"特征。

1. 韩国实行政府主导型发展居民住房的模式

尽管受到很多"市场派"专家的批评，但是客观上这是一条符合韩国特殊国情的、合理的发展路径。朝鲜战争后，韩国不仅发展经济的起点非常低，而且由于战争损毁，居民住房条件极为恶劣。因此，当时韩国政府的当务之急是发展韩国经济，这样才能从根本上缓解民众的生活困境。在资源极度有限的情况下，只能依靠政府的力量集中建设一批廉价的、小户型住房先解决无房家庭的居住问题。因此，韩国政府主导型发展居民住房的模式是客观条件下的正确选择。

2. 韩国政府能够与时俱进，根据韩国居民住房需求的变化及时调整居民住房相关政策

在早期居民住房短缺期间，重点发展廉租房和小户型公共住房，以解燃眉之急；随着住房供给短缺问题逐步缓解，韩国政府转向支持改善型住房，并推出认购住房储蓄制度；1998 年后，随着韩国房地产市场逐渐实现供需平衡，政府的支持转向了以住房金融制度为主体。

3. 韩国的住房认购储蓄账户制度在一定程度上借鉴了德国住房储蓄银行的经验

按照韩国住房认购储蓄账户制度，计划购买住房的家庭需要在指定的银行开设专门购房储蓄账户，政府会根据家庭住房储蓄账户的缴纳金额、年限和其他条件决定购房的优先顺序。这一点为中国住房公积金制度改革提供了有借鉴意义的启示。

第七章
与时俱进改革现行住房公积金制度

习近平总书记在 2013 年中央城镇化工作会议上提出"推进政策性金融机构改革""研究建立住宅政策性金融机构"的基本方针；十九大报告强调"坚持房子是用来住的、不是用来炒的定位，加快建立多主体供给、多渠道保障、租购并举的住房制度，让全体人民住有所居"。笔者认为住房公积金制度改革的基本思路应是：让群众得到实惠，让企业减轻负担；为经济发展提供动力，让金融资源合理配置；贯彻"房住不炒"的政策，推动房地产市场稳定发展。笔者认为住房公积金制度改革的核心是成立国家住宅政策性金融机构——国家住房储蓄银行。

一、目前住房公积金制度存在的问题

住房公积金制度在 20 世纪 90 年代被推出后,对于推动当时的住房制度改革和后续的房地产市场发展发挥了巨大的作用。但是随着经济的发展,尤其是中国经济的转型升级和房地产市场由增量市场转向存量市场,现行的住房公积金制度与实际情况产生了一定程度的脱节,产生了一些不适应目前经济社会发展的问题。

1. 现行的住房公积金制度一定程度上加大企业的负担

根据世界银行的数据,2019 年全球企业平均税收负担为 38.8%,其中劳动力税收负担(主要是社会保险等)占比最大,为 18.4%;其次是企业利润所得税,占比为 17.3%,其他税收占比为 3.1%。根据《社会保险法》和《住房公积金管理条例》,中国的企业不仅需要为员工缴纳养老保险、失业保险、医疗保险、工伤保险和生育保险,还需要为其办理住房公积金,承受的负担更重。

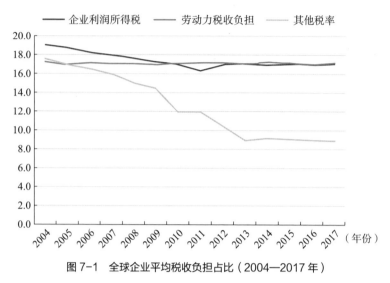

图7-1 全球企业平均税收负担占比（2004—2017年）

资料来源：世界银行

2020年住房公积金缴存额达到26 210.83亿元，同年全国个人所得税收入总额仅为11 568亿元，企业所得税收入36 424亿元。住房公积金缴存额超过全国个人所得税总额的2倍，达到全国企业所得税的72%，对居民家庭和企业造成一定的缴存压力。同时，从缴存单位的构成看，城镇私营企业及其他城镇企业、外商投资企业、民办非企业单位和其他类型单位占50.04%，比2019年增加1个百分点，非公有制缴存单位职工占比进一步增加。因此，民营企业的住房公积金缴存负担相对更重。

2. 现行的住房公积金制度部分影响居民的消费能力

目前我国住房公积金采取强制缴纳、低存低贷的方式。这种制度造成一部分有房者即使没有再度购房的需求，依旧被征收住房公积金；还有一些目前无力购买住房的年轻人也必须缴纳住房公积金。

1996年起，公积金存款上年归集和上年结转分别按活期存款0.35%和三个月定期存款基准利率1.1%计息，2019年2月统一调整为一年期定期存款基准利率1.5%，虽然有所提高，但仍明显低于银行长期存款利率。公积金低存低贷的设计是基于低存款利率造成的损失可以通过低贷款利率取得的收益弥补。但对于没有获得低息贷款，同时还需要缴纳公积金的居民，其可支配收入会减少，由此影响这部分居民消费的增长。

我们住房公积金缴存规模巨大，以2020年为例，这一年住房公积金缴存额为26 210.83亿元，缴纳公积金使得部分个人收入存放在住房公积金账户，既无法用于消费，也无法用于投资，对于提升居民消费形成了一定阻碍。

3. 现行的住房公积金制度使得部分金融资源无法被充分使用

根据全国住房公积金中心的数据，截至2020年末，住房公积金累计缴存总额为195 834.91亿元，缴存余额为73 041.40亿元，结余资金为10 711.02亿元，存量规模庞大。

由于住房公积金的投资渠道严格受限，除了发放个人住房贷款外，大部分只能用于购买定期存款和国债，因此投资增值收益率不高。2020年，住房公积金的增值收益为1 113.17亿元，增值收益率为1.58%。

图 7-2 住房公积金增值收益及增值收益率（2014—2020 年）

资料来源：全国住房公积金 2014—2020 年年报

目前，公积金的增值收益主要来自个人住房委托贷款、保障性住房建设贷款、购买国债和专户存款的利息收入。其中，占比最大的是个人住房委托贷款利息，2020 年为 1 907.75 亿元，占比为82.3%；占比第二位的是存款利息 400.67 亿元，占比为 17.29%；国债利息等其他收入占比很低。

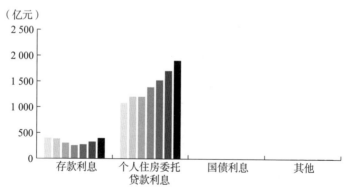

图 7-3 住房公积金增值收益来源（2014—2020 年）

资料来源：全国住房公积金 2014—2020 年年报

同时，我国尚未形成发达的住房贷款证券化市场，缴纳住房公积金使得企业和居民家庭本可以用于生产和消费的部分资金聚集到房地产市场，使得部分金融资源没有得到充分使用。

4. 现行的住房公积金管理机构存在一定程度的职能模糊问题

目前，住房公积金的决策管理部门主要是住房公积金管理委员会和住房公积金管理中心，这两个机构存在一定程度的职能模糊问题。

首先，住房公积金管理委员会作为住房公积金的决策机构，实际上不具有独立法人资格，无法承担其决策事项的法律责任。

其次，公积金管理中心作为住房公积金的实际管理机构，其性质是隶属于当地政府、不以盈利为目的的事业单位。由于缺少自有资本金、专业金融人才，有效的金融风险监控机制和规范的信息披露制度，住房公积金管理中心往往运行效率不高，无法有效履行职能。

目前，许多国家都建立了政策性国家住房金融机构，如韩国的国民住宅基金、德国的住房储蓄银行、日本的住宅金融公社等。与商业银行主要追求商业利润不同，政策性金融机构的首要职责是承担社会责任，以此为前提再追求经济效益。从市场稳定性角度出发，成立政策性的住房储蓄银行有利于借助金融工具长期调控房地产市场。

5. 现行住房公积金制度部分规定未充分与时俱进

我国现行住房公积金制度存在一些不适应时代发展的过时政策。例如，根据现行的住房公积金制度规定，北京市个人公积金贷款的金额不能高于 120 万，这相对于北京市的房价，明显偏低。

此外，我国住房公积金采取属地管理方式，由于各地区在公积金的归集、使用、管理等方面存在很大差异，使得不同地区的资金难以互相调用，资金配置效率较低，也无法满足人员快速流动产生的异地贷款需求。因此，需要对住房公积金管理方式进行调整。

二、设立政策性国家住房金融机构的基本考虑

习近平总书记在 2013 年中央城镇化工作会议上提出"推进政策性金融机构改革""研究建立住宅政策性金融机构"，为住房公积金改革指明了方向。

笔者认为设立国家住宅政策性金融机构——国家住房储蓄银行——的条件已经成熟，应当尽快着手改革现行住房公积金制度，设立国家住房储蓄银行。

住房公积金制度实施二十多年来，为中国经济的发展和人民居住条件改善作出了贡献。但是，随着房地产市场和城镇居民住房条件的变化，现行的住房公积金制度也暴露出一些问题，与时俱进地改革现行住房公积金制度已经迫在眉睫。切实可行改革现行住房公积金制度的基本出发点是：让群众得到实惠，让企业减轻负担；为

经济发展提供动力，让金融资源得到合理配置；贯彻"房住不炒"的政策，推动房地产市场稳定发展。其中住房公积金制度改革的核心是将强制缴纳改为自愿存款，并设立国家住宅政策性金融机构——国家住房储蓄银行。

具体办法是将企业为员工缴纳的住房公积金直接以工资的形式发放给员工，个人可以自行决定该笔资金用途。有购房需求的人可以根据自身家庭的购房规划，选择缴纳住房储蓄存款；没有购房需求的人，则没必要缴存住房储蓄存款。这样改革之后，没有购房计划的员工的可支配收入将大幅上升，有利于推动消费的提升。这一改革的优势有3点。

1. 减轻企业负担，提升企业投资能力

尽管当期将企业为员工缴纳的住房公积金全部划入员工工资并不会降低企业的劳动力成本，但是未来企业不用再因为工资增加而负担新增的住房公积金。根据目前数据，每年新增公积金大约为总额的12%，意味着此项改革每年会为企业节省1 400亿元的新增公积金支出。尤其是民营企业所缴公积金占比超过50%，意味着每年为民营企业节省了700亿元的新增公积金支出。

2. 增加居民消费，为经济发展提供动力

改革将大幅增加居民家庭可支配收入。以2019年数据为例，如果将缴存的公积金23 709.67亿元全部划转入职工工资，即使扣除个人所得税，也将增加超过2万亿元的个人可支配收入。

3. 促进房地产市场的结构调整，化解金融风险

目前可以限定购房条件，规定只有那些购买首套房的人，才可以申请使用住房储蓄银行贷款。以二手房市场为例，购买二手房的人将帮助原房主减少在商业银行的按揭贷款，从而逐步化解商业银行住房按揭贷款的风险。2018年，全国二手房交易额达到了6.53万亿元，按房价40%的贷款率估算，需要新增住房储蓄贷款2.6万亿元。

三、国家住房储蓄银行的资金来源

国家住房储蓄银行的定位是政策性金融机构。其主要职能是为居民购买住房提供优惠低息贷款，实现"居者有其屋"的目标。

未来住房储蓄银行的资金来源主要有四个方面。第一，住房储蓄存款；第二，发行政策性金融债券；第三，发行资产证券化产品；第四，经营收益。

1. 住房储蓄存款

由于存贷挂钩，购房者将根据家庭未来的购房计划，事先安排在住房储蓄银行的存款金额和时间。例如，购房者计划三年后购买一套500万的住房，按照住房储蓄银行的制度设计，贷款金额上限为房价的40%，存贷款1∶1配比，第三年在住房储蓄银行的存款金额必须达到200万元，才能够申请等额的贷款。存款的期限影响

贷款的利率水平。具体规则就是通过存款的加权时间调整相应贷款利率。存款的加权时间越长，贷款利率越低，鼓励购房者早做计划，提早存款。

2. 发行政策性金融债

住房储蓄银行定位为专业办理居民住房金融业务的政策性银行。它不仅具有稳定的市场和客户，而且业务收入和利率稳定，贷款违约率低，目前的逾期率仅为 0.03%。因此，可以通过发行债券筹集资金。这不仅可以补充住房储蓄银行的资金，而且可以为债券市场提供优良的投资工具，缓解当前优良债券产品短缺的问题。

例如，韩国国民住宅基金的 50% 以上都来自国民住宅债券，此外韩国国民住宅基金还以发行彩票等方式筹集资金。我们可以借鉴韩国的国民住宅基金制度，通过发行债券扩宽国家住房储蓄银行的资金来源。

3. 发行 MBS

住房储蓄银行可以住房按揭贷款证券化的方式，盘活目前的住房储蓄银行贷款，提高资金使用效率，补充资本金。

资产证券化的操作可以参照欧美国家的经验。以住房储蓄银行发放的个人按揭贷款为基础资产，发行 MBS。这样不仅可以减轻对于住房储蓄存款资金来源的依赖，而且可以有效化解当前房地产市场蕴含的金融风险。

4. 经营收益

存贷款息差收入将是国家住房储蓄银行的主要收入来源。目前公积金系统的主要增值收益来源是存贷差。2019 年,个人住房委托贷款实现利息 1 710.2 亿元,占全部增值收益的 83.4%。其次是存款利息 331.34 亿元,占比为 16.15%。

目前我国公积金存款执行的利率是,当年缴存存款年利率为 0.35%,上年结转存款年利率为 2.35%。个人住房贷款五年期以下公积金贷款年利率为 2.75%;五年期以上公积金贷款年利率为 3.25%。因此,当年缴存部分的息差为 2.40%—2.90%,上年结转部分的息差为 0.40%—0.90%。

根据 2019 年数据,缴存余额为 65 372.43 亿元,缴存职工利息为 942.87 亿元,估算存款成本为 1.44%;个人住房贷款余额为 55 883.11 亿元,委托贷款利息为 1 710.20 亿元,估算综合个人住房公积金贷款利率水平为 3.06%。由此推算存贷款息差大约为 1.62%。

以个人住房贷款余额 55 883.11 亿元为计算基数,产生息差收入 905 亿元;另有结余资金 9 461.52 亿元,没有产生息差收入,但是产生了存款利息。因此,估算结果与 2019 年住房公积金增值收益 976.15 亿元,增值收益率 1.58% 接近。

改革设立国家住房储蓄银行之后,存贷款利率可以人民银行的贷款基础利率(Loan Prime Rate,LPR)为基础,根据具体情况加以调整。参照目前中国邮储银行和国家开发银行的利率结构,折中制定。目前 LPR(一年期)为 3.85%,LPR(五年期以上)为

4.65%。邮储银行的活期存款利率为 0.30%，一年期存款利率为 1.78%，五年期存款利率为 2.75%；贷款基准利率短贷（一年以内）为 4.35%，五年以上长期贷款为 4.90%。国家开发银行三年期债券票面利率为 3.00%，单位定期存款一年期为 1.75%，五年期为 2.75%。因此，国家住房储蓄银行的存款利率一年期以内为 0.35%，1—5 年期存款年利率为 1.75%，五年期以上存款年利率为 2.75%；贷款执行中国人民银行的中国 LPR 降低 50 个基点。即一年期个人住房贷款为 3.35%，五年期以上个人住房贷款为 4.15%。这样的利率比目前商业银行贷款优惠 1% 以上。息差大约在 2.40%。住房储蓄银行的息差收益不仅不会减少，而且将大幅增加。

四、国家住房储蓄银行的贷款模式

国家住房储蓄银行发放的政策性按揭贷款额、利率等将与购房者的存款金额、时间、信用条件相挂钩。实行"存贷挂钩、长存优惠、低进低出、专款专用"的管理模式。

1. 贷款资格的审核

贷款目前仅限于购买住房的个人家庭。为了配合国家对房地产市场的调控政策，我们认为限定为购买唯一住房的家庭。有购房需求的居民需要提前在住房储蓄银行开设账户，签订《住房储蓄合同》，以获得未来申请国家住房储蓄银行优惠贷款的权利。同时，对住房储蓄存款的时间有要求：只有存款年限达到 2 年以上，才有资格申请贷款。

2. 贷款额度上限的设定

贷款额度上限与购房者在国家住房储蓄银行的存款额为1∶1配比（存贷挂钩），即如果购房者计划申请200万元的贷款，那么在国家住房储蓄银行的存款额也需要达到200万元。贷款的最高额度为房屋总价的40%。

当储户满足一定的配贷条件，如存款额达到房屋总价的40%或达到最低评估值等，可以向住房储蓄银行申请贷款。住房储蓄银行每月底会对达到最低存款额的合同进行一次评估，如果达到最低评估标准，会书面通知储户。如储户接受配贷，则需提前一个月向银行提出申请；如不接受配贷，也可保留贷款资格一定期限，之后使用。

3. 贷款期限

贷款期限的上限为30年。住房储蓄银行设有专业的评价系统，根据客户情况来确定还款能力，测算月还款额，并最终确定贷款期限。

4. 贷款优惠利率

国家住房储蓄银行作为政策性银行，贷款利率将优于商业银行（低进低出）。例如，可以以限LPR为基准；与储户存款时间挂钩。缴存时间越长，贷款利率优惠越大。

住房储蓄按揭贷款将大幅减轻购房者的利息支出负担，不仅有利于缓解居民家庭的经济压力，而且可以释放金融机构的金融风险。简单测算一下住房储蓄按揭贷款和目前商业住房按揭贷款的利息负担：如果申请住房按揭贷款的金额为 400 万元，期限为 30 年，那么在等额本息贷款方式下，住房储蓄按揭贷款将为贷款人节省 996 499 元利息支出，减轻购房者利息负担接近 100 万元，占比达到 25%（见表 7-1）。

表 7-1　等额本息住房储蓄按揭贷款和商业贷款的本息测算

类别	贷款利率（%）	等额本息（元）		
		每月还款	利息总额	本息合计
商业贷款	5.30	22 212	3 996 387	7 996 387
住房储蓄贷款	4.15	19 444	2 999 888	6 999 888
差值	1.15%	2 768	996 499	996 499

注：这里设定本金为 400 万元，期限为 30 年。

5. 贷款的使用

住房储蓄贷款必须用于个人家庭购房、建房或租房消费等（专款专用）。大部分贷款担保方式为房产抵押，当客户无力偿还时，银行通过拍卖房产获得相应赔偿。如果储户采取住房储蓄贷款和商业性住房贷款组合的方式，赔偿顺序视哪种方式为第一顺位而定。

6. 国家住房储蓄银行的机构设置

充分利用现行的全国住房公积金系统的人员和网络优势，转制设立国家住房储蓄银行。截至 2019 年末，全国共有住房公积金管理中心 341 个；未纳入设区城市统一管理的分支机构 139 个；全国住房公积金服务网点 3 350 个，住房公积金系统从业人员 4.42 万人。目前，我国完全具备直接转制成立国家住房储蓄银行的条件。

国家住房储蓄银行的隶属和业务管理方式可以参照中国邮政储蓄银行经验执行。

五、国家住房储蓄银行具有巨大的发展空间

设立国家住房储蓄银行不仅可以解决现行公积金制度存在的问题，而且有助于缓解房地产市场蕴含的巨大金融风险，推动房地产金融体系转型。

第一，国家住房储蓄银行在现行住房公积金系统的基础上将拥有庞大的金融资源，完全可以和现有的大型银行相竞争。

截至 2019 年末，住房公积金缴存余额为 65 372.43 亿元（如图 7-4）；个人住房贷款余额 55 883.11 亿元，结余资金 9 461.52 亿元。即使不考虑发行债券增加的资本金，仅以现有个人住房公积金贷款余额 55 883.11 亿元为基础资产，按 90% 的证券化率，发行资产证券化产品预计将带来 50 295 亿元的资金增量。这样国家住房储蓄银行的资产规模将扩张到 115 667 亿元。当然新增的资金用于发放按揭贷款后，又将形成新的资产证券化基础资产。如果按目前的转换率将发放按揭贷款 42 994 亿元，这部分新增贷款证券化后又将带来 38 695 亿元的资金。这样资产规模将达到 23 万亿元，大

约是现在住房公积金规模的 4 倍。

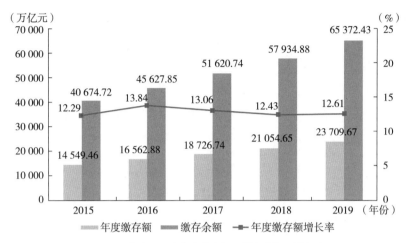

图 7-4　住房公积金年度缴存额、缴存余额及增长率

资料来源：全国住房公积金 2015—2019 年年报

第二，住房储蓄银行相比商业银行具有更低的贷款利率，在承接商业银行现有的个人住房贷款业务方面具有较大的发展空间。

由于住房储蓄银行的贷款利率低于商业银行，因此有贷款需求的居民未来将首选住房储蓄银行，在优惠贷款额度用完的情况下才会考虑住房储蓄银行和商业银行的组合贷款。

2019 年底，住房公积金贷款余额为 5.59 万亿元，截至 2021 年第二季度商业银行个人住房按揭贷款为 32.5 万亿元，两者合计个人住房按揭贷款大约为 38 万亿元。2016 年开始，无论是住房公积金贷款，还是商业银行个人住房贷款，增速均呈逐年下降趋势（如图 7-5）。到 2019 年，两者增速分别为 14% 和 13%。

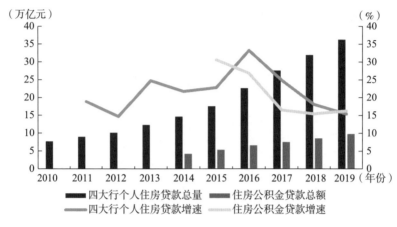

图 7-5　四大行个人住房贷款及公积金贷款总量及增速

资料来源：住房公积金 2010—2019 年年报

在"房住不炒"的政策大方向下，未来住房贷款预计将呈现平稳增长的趋势。若以 10% 的年增速预计，未来三年个人住房贷款增量将为分别 3.8 万亿元、4.18 万亿元、4.6 万亿元。如果设定公积金贷款的最高额度为房屋总价的 40%，那么住房储蓄银行贷款和商业银行贷款组合的比例应为 2∶1，未来三年的增量估算见表 7-2。

表 7-2　住房储蓄银行和商业银行贷款未来三年增量估算　单位：万亿元

类别	2021 年	2022 年	2023 年	累计
住房储蓄银行	2.53	2.79	3.07	8.39
商业银行	1.27	1.39	1.53	4.2
总计	3.8	4.18	4.6	12.6

按照以上估算，未来三年住房储蓄银行的新增贷款总量将达到

8.39万亿元，加上现有的 5.59 万亿元，三年后国家住房储蓄银行的贷款规模将达到 14.3 万亿元。五年后将超过 20 万亿元。

第三，发行政策性金融债券增加资金来源，增厚资本金，提升资本充足率。

借鉴国家开发银行和中国邮政储蓄银行的经验。由于缺少营业网点，难以吸收居民储蓄存款，发行政策性金融债券是国家开发银行主要的融资渠道。目前在国家开发银行全部 14.556 万亿元负债中，金融债券的余额达到了 9.313 万亿元，同业存放为 3.174 万亿元，吸收存款仅为 1.558 万亿元。邮政储蓄银行营业网点分布广泛，数量众多，吸收存款是其主要的资金来源，占比超过 95%；邮政储蓄银行也发行了一部分金融债券。参考国家住房储蓄银行的情况，我们认为可以适量发行 2 万亿元左右的政策性金融债券。

第四，对国家住房储蓄银行未来业绩的估算见表 7-3。

表 7-3 贷款余额估算　　　　　　　　　单位：万亿元

	2021 年	2022 年	2023 年
贷款余额	5.59	8.12	10.9
新增	2.53	2.79	3.07
总计	8.12	10.9	14.0

设立国家住房储蓄银行后，存贷息差大约在 2.4%，根据上述数据估算相应的息差收入分别为 1 949 亿元、2 626 亿元、3 355 亿元。

根据 2019 年公基金年报数据，2019 年实际支出管理费用为 112.5 亿元；其中人员经费为 56.32 亿元，公用经费为 11.61 亿元，专项经费为 44.57 亿元。由此可以预估出其他各项成本、费用为贷款收入的 6.6%—10%，因此预计国家住房储蓄银行成立后的第一年的利润可以达到 1 727 亿元，比 2019 年增加 77%。

参考文献

[1] 刘洪玉.推进与完善住房公积金制度研究［M］.北京：科学出版社，2011.

[2] 谭臻尧.住房公积金管理实践与创新［M］.大连：东北财经大学出版社，2008.

[3] 陈杰.中国住房公积金制度功能定位及运行管理模式研究［J］.中国房地产研究，2010（4）：32-84.

[4] 杨志勇.我国保障性住房分配制度探究［J］.城市规划与管理，2015（10）：58-159.

[5] 王勤.独具特色的新加坡社会保障制度［J］.世界经济与政治，1996（5）：49-52.

[6] 郑智东.国外住房金融研究汇编——新加坡住房金融［M］.北京：中国城市出版社，2009（9）：254-278.

[7] 郭伟伟."居者有其屋"——独具特色的新加坡住房保障制度及启示［J］.当代世界与社会主义，2008（6）：162-167.

[8] 贾洪波.新加坡中央公积金制度变迁因素分析［J］.特区经济，2009（10）：117-119.

[9] 张其光.新加坡住房制度、公积金制度及对我国的借鉴意义 [J].北京房地产,1996(10).

[10] 陈炳才.新加坡中央公积金制度——兼谈中国能否学习公积金制度 [J].经济研究参考,1993.

[11] 孙令军.德国住房保障和住房金融的借鉴与启示 [J].国外房地产,2006(9):78-80.

[12] 车江洪.世界各国住房金融政策及其借鉴 [J].上海房地产,1998.

[13] 蔡德容,潘军.住房金融创新研究 [M].长春:东北财经大学出版社,2002.

[14] 李璐.浅谈中国与德国的住房保障制度 [J].科技创业月刊,2008(6):109-110.

[15] 朱华,孟祥君.国外住房金融研究汇编:德国个人住房贷款管理考察报告 [M].北京:中国城市出版社,2009.

[16] 姚玲珍.国外住房金融研究汇编:德国公共住房金融 [M].北京:中国城市出版社,2009.

[17] 孙令军.德国住房保障和住房金融的借鉴和启示 [J].国外房地产,2006(9):78-80.

[18] 杨佳燕.德国建房互助储蓄与我国住房公积金的比较研究 [J].中国房地产金融,1997(5).

[19] 何广文.德国金融制度研究 [M].北京:中国劳动社会保障出版社,2000.

[20] 汪利娜.德国建房互助储蓄信贷社的困惑与改革 [J].中国房地产金融,1997(4):35-37.

[21] 李莉. 美国公共住房政策的演变［D］. 厦门：厦门大学，2008.

[22] 汪利娜. 美国住宅金融体制研究［M］. 北京：中国金融出版社，1999.

[23] 张宇，刘洪玉. 国外住房金融研究汇编：美国政府监管住房抵押贷款一级市场的经验与启示［J］. 中国房地产金融，2008.

[24] 汪利娜. 美国"节俭机构危机"的教训与启示［J］. 中外房地产导报，2000（2）：8-10.

[25] 谭华杰. 国外住房金融研究汇编：美国、加拿大公共住房金融［M］. 北京：中国城市出版社，2009.

[26] 张宇，刘洪玉. 美国住房金融体系及其经验借鉴［J］. 国际金融研究，2008（4）：4-12.

[27] 李文斌. 美国不同时期的住房补贴政策：实施效果的评价及启发［J］. 城市发展研究，2007（14）：77-81.

[28] 柯年满. 美国的公共住宅政策及启示［J］. 环球博览，2000（11）：34-36.

[29] ［美］阿列尔斯·施瓦兹. 美国住房政策［M］. 北京：中信出版社，2008.

[30] 丛诚. 国外住房金融研究汇编：国外住房金融的演进和趋势［M］. 北京：中国城市出版社，2009：1-8.

[31] Mayo.S.K. Source of Inefficiency in Subsidized Housing Programs: a Comparison of U.S and German Experence［J］. Urban Economics 1986（20）：229-249.

[32] Alex F. Schwartz. Housing Policy in the United Stated［M］. London: Rontledge, 2021.

[33] 周仪.日本供应住宅现存问题、对策及对我国的启示[J].未来与发展，2011（7）：19-24.

[34] 张昕.日本公营住宅建设的新发展及其对我国的启示[J].商业时代，2011（3）：120-127.

[35] 住宅都市整备公团[J].都市生活，1994.

[36] 娄建波，陶冶等.国外住房金融研究汇编：日本公共住房金融[M].北京：中国城市出版社，2009：220-229.

[37] 王洪卫.日本住房金融案——我国住房金融发展过程中值得借鉴的反面教材[J].中国房地产金融，1999（4）：42-44.

[38] 周仪.日本公营住宅现存问题、对策及对我国的启示[J].未来与发展，2011（7）：19-24.

[39] 张昕.日本公营住宅建设的新发展及其对我国的启示[J].商业时代，2011（3）：120-127.

[40] 孙淑芬.日本韩国住房保障制度及对我国的启示[J].财经问题研究，2011（4）：103-107.

[41] 康青松.韩国住房政策的历史演变及其启示[J].国际经贸探索，2009（4）.

[42] 陈杰，张鹏飞.韩国的公共租赁住房体系[J].城市问题，2010（6）：91-97.

[43] 王松涛，刘洪玉，李真.韩国住房市场中的政府干预[J].城市问题，2009（3）：82-89.

[44] 李恩平，李奇昀.韩国快速城市化时期的住房政策演变及其启示[J].发展研究，2011（7）：37-40.

［45］王乾明.韩国公共租赁住房融资渠道对中国的启示［J］.财经界，2012（4）：50-51.

［46］金大鸿.从韩国的公共住房制度看中国保障性住房制度的建立［J］.经济导刊，2008.

［47］李恩蕙.韩国住宅金融制度的演进与住宅金融需求的变化［J］.国际金融，2015（1）：69-73.

［48］Chu Kob. Overview of Housing Policies & Programs in Korea.

［49］Werner Puschra, Kim Kwan-Young. Housing Policy in the 1990s: European Experiences and Alternatives for Korea. Korea Development Institute，1993.

［50］肖文海.完善住房公积金制度的理论与实践［M］.北京：中国财经出版社，2008.

［51］刘洪玉.推进与完善住房公积金制度研究［M］.北京：科学出版社，2011：4-6.

［52］陈杰.中国住房公积金制度功能定位及运行管理模式研究［J］.中国房地产研究，2011（4）：32-84.

［53］文林峰.创新住房公积金制度重点向中低收入家庭倾斜［J］.城乡建设，2009（8）：70-72.

［54］肖作平，尹林辉.我国住房公积金缴存比例的影响因素研究［J］.经济研究，2010：129-141.

［55］杨巧.国外政策性住房金融机构运作经验及其对我国的启示［J］.金融理论与实践，2014（4）：94-98.

［56］路君平，李炎萍，糜云.我国住房公积金制度的发展现状与对策研究［J］.中国社会科学院研究生院学报，2013（1）：50-59.

[57] 梁国萍, 张云鹤. 我国住房公积金制度现状、问题和改革方向 [J]. 金融与经济, 2014（12）: 39-42.

[58] 尚莉. 新型城镇化背景下我国住房公积金制度改革方向探究——基于发展中国家的经验分析 [J]. 现代管理科学, 2015（11）: 88-90.

[59] 朱瑜. 我国住房公积金运用现状及存在的问题 [J]. 黑龙江科技信息, 2012（8）.

[60] 宋佐军. 关于完善我国住房公积金制度体系的思考 [J]. 中国房地产金融, 2002（6）.

[61] M.Burell. China Housing Provident Fund: Its Success and Limitations [M]. Housing Finance International, 2006: 213-256.